JN277382

待ち望む力

ブロッホ
スピノザ
ヴェイユ
アーレント
マルクスが
語る希望

的場昭弘

晶文社

装幀

岩瀬聡

待ち望む力

目次

はじめに 013

第一章 希望をもつということ——ブロッホ『希望の原理』 029

第二章　喜びをもつこと――スピノザ『エチカ』――055

待ち望む力

はじめに

三・一一によって変化した世界

昨年の三月一一日、東北地方を中心に大規模な地震がありました。その後に襲った津波、そして東京電力福島第一原子力発電所の四つの原子炉が引き起こした危機、これらはこれまでの私たちの生活を根本から変えてしまいました。それは、たんに現地の住民だけでなく、日本国中、いや世界中の住民に大きな衝撃を与えました。

もちろん、それを私たちがどれほど理解しているかは疑問です。これまでと大きく変わった点は、物質的な損失の大きさがいまだかつてなかったほどであったという問題ではありません。むしろ、私たちがこれまでもっていた、未来に対して抱いていたある種漠然とした希望が、崩れ去ったということです。

ヨーロッパの近代が作り出し、世界中に流布していったひとつの思想があります。それは、この世界を律しているのは物質の自己運動であるという考え方です。そこから考えれば、世界を創った創造者なども存在しない、だから神の意図も、その目的などもないということがいえます。

西欧中世を終焉に至らしめたものこそ、この思想ですが、その結果神がいなくなり、神の座に自己運動を研究する科学というものが座ります。それまで自然（人間も含めて）は、神の創造したものだと思われ、ある意味でそれは絶対的な不可侵の領域に属していると思われていました。この世界は神の思し召しによって存在するのであり、生きること、死ぬこともその思し召しにかかっていると。だから自然に対する破壊など極力抑えられねばならないという考えです。

日々の生活にこうした神の運命論的な規制がかからなくなったということは、ある意味ですばらしいことだともいえます。規制から自由であることで、未来に対して自由に希望をもつことができるようになったからです。しかし、自由に希望をもてるということは、現実的にその希望がかなうということではありません。希望がかなわない場合は、その責任を神という外部の第三者がとることはないのですから、結局自由の代償として、自己責任という形で、自分たちでその責任をとるしかないということになります。

まさに、現代社会のように、なにごとも思し召しのない社会とは、自由であるのですが、誰も助けてくれない社会という意味かもしれません。そうした社会が出現するには、一方で人間の本質は自由であるということが前提とされ、それが承認されている必要があります。デカルト[1]の「われ考えるゆえにわれあり」という言葉は、まさにそうした自由意思を表現した言葉ですが、現実社会でそれを確証したのが一七八九年のフランス革命[2]でした。自由、平等、博愛といったスローガンのなかでとりわけ強調されたのが、この自由です。

フランス革命によって、人間にとってもっともだいじなことは、それぞれの個人の自由だということになったのです。こうして人間の権利は個人の権利と読み替えられ、個人の権利を守ることが一般化していきます。確かに、個人の権利を守ること、すなわち人権を大事にすることはそれ自体当たり前のことのようにも見えますが、実は一八世紀以前の社会では集団としての人間の権利の方がむしろ一般的だったのです。今でも世界を見渡すと、そういう社会の方が、本当は多いかもしれません。そうした社会、すなわち伝統的な集団的社会では、慣習などによって極力個人の自由が制限されています。それによって災難が降りかかったとしても、集団による補助が得られるわけです。現在ではそうした補助は、国家の手にゆだねられていますが、その国家も次第にそれを喪失し、ますます個人の責任になっている時代になっています。

新自由主義の時代というのは、世界の津々浦々にまでこうした個人主義をひろげることだといっても過言ではありません。

経済が成長しているときはそれなりに全体のパイが増えるので、誰か特定の一人のパイの持ち分が少々増えても、それに対して人々の不満は出てきません。しかし、経済が成長しなかった中世においては、誰かが増えた分、他の人のパイは小さくなり、不満が爆発します。だから、集団でそうならないようにパイの配分を統括せざるをえなかったのです。だから個人の自由が制限されたのです。しかし現在でも個人の自由が、経済成長にかかっていることはいうまでもありません。個人の自由の象徴である私有財産が守られるには、他人の持分を侵さないように、全体のパイがつねに十分大きなものでなければなりません。しかし地球全体で考えるとき、地球全体の人々が日本人のような生活をすることなど、今のところ考えられません。そうなるとそうした社会を実現することは困難だということになります。

しかし先進国の人々も、今や将来の職業も不安定になり、さらにはそれまで貯めた貯蓄を失う可能性に瀕しています。またコツコツ貯めた年金さえもらえなくなる可能性もあります。そうした時代に個人の自由というものはどう守られるのでしょうか。おそらくそうなれば世界が助けてくれるだろうと考える人がいるかもしれませんが、世界も危機に瀕している限りそれは無理かもしれません。

そんなときおそらくわれわれの助けとなるのはやはり人々の助け合いしかないということになります。今回三・一一によって理解できるようになったことは、ある種ロマンチックに見える言葉かもしれませんが、「人間の目的は人間自身だ」ということだったのかもしれません。類的生活といういささか難しい言葉があります。これは人間が集団として、人類として生活していたことを意味している言葉ですが、いい換えれば共同体といった集団の生活という意味でもあります。時代がどんなに変わろうとも、社会全体を見ると、集団的生活、すなわち人類としての類的生活の必要性はいささかも変わっていません。こんな時代だからこそ、個人がどうなるであろうとかいった問題を避けて、人類全体に希望があるのかどうかという大きな問題を考えるべきではないでしょうか。

希望を語る

これから希望という言葉を分析していきますが、ありふれた言葉であるがゆえに逆にかなり深い意味をもった言葉であることを最初に前提としておきます。

希望とは、何かを待ち望むことです。私が小さいころは、正月になると、雑誌や新聞でいつも「未来の世界」という特集が組まれました。すでに二一世紀になって一〇年以上たっていますが、二〇世紀半ば、二一世紀にどんな未来が待っているかについて、当時希望をもって読んだものです。宇宙時代が来て、月世界旅行が可能になるとかといったもっぱら技術的夢の実現が大半でしたが、二一世紀には車ではなく、空飛ぶ自動車に乗っているだろうと子供のころ思ったものでした。

こうした希望の未来が消滅したのはいつ頃からだったのでしょうか。おそらく公害問題が起こる一九七〇年代になってからではなかったかと思います。しかし、逆にそのころから希望に関する言葉が多く登場します。ちょうど私が大学に入った七〇年ころ、岸洋子の「希望」という歌がヒットしていました。この歌の内容は、希望を探してあちらこちらまわるというものでした。東京オリンピックや万博といったイベントが終わり、なにかしら世相がさびしくなったのが七〇年代でした。学生運動やシンナー遊びなどもなくなって、少し夢を失い、さびしくなり始めた日本ではやったのがこの歌だったです。

そういえば、北海道旅行がはやり始めて、広尾線（一九八七年廃止）の幸福駅と愛国駅との間の切符が飛ぶように売れたのもこのころのことでした。一九七三年の石油ショックによってそれまでの経済成長主義が完全に終わりを告げはじめる時代、われわれは希望それ自体を失いはじめていたのかもしれません。

それまでの希望とは、物質的な経済成長を意味していました。車やクーラーなどが耐久消費財の花形になり、狭い住宅から少しばかり広い家を求める時代でした。だから世はあげて豊かな時代の到来といわれていました。だからこうした時代の希望とは、物質的なものを支配することにのみ関心があったといえます。手段を選ばず金儲けをするという意味の「銭ゲバ」といった言葉もそのころはやっていました。日本人は金の亡者になってしまった。エコノミック・アニマルと日本人が海外でいわれたりしたものです。日本人は金の亡者になってしまった。金以外に希望はなかったといったらいいすぎですが、金のない希望はなかったということはいえます。

そうした意味で、金がなくなると同時に（とはいえ日本の経済はその後一九九〇年までは上り調子でしたが）、希望をもてなくなったのです。

いずれにしろ私は、この書物でこうした物質的希望について語る気はありません。むしろ非物質的希望について語るつもりです。人間があるものを所有することには、限界がありま す。所詮なにかを一人占めしたところで、死んだらそれをあの世にもっていくことなどできないわけです。それぞれの個人の命は、連綿と続く人類の歴史の一コマにすぎません。個人の思想や自由はなるほど重要なことですが、それを維持するため他人の自由を奪う可能性があります。他人の自由を認める排他的にならない自由というのは意外と難しいのです。

五人の人物

私はここで五人の人物の作品から希望という話を考えてみるつもりです。五人ともユダヤ人です。その意味で宗教的背景に共通項があります。しかし時代も、思想もかなり異なります。あえて同じ部分があるとすれば、未来に対する希望という点になみなみならぬ情熱を抱いている人たちだということです。

a ブロッホ

エルンスト・ブロッホは『希望の原理』という、そのものずばり「希望」の書物を書いています。これは全三巻でとても長い書物です。何年にもわたる彼のライフワークともいえるものです。彼がいわんとしている希望の原理とは、現実を飛び越えるある種の未来を期待する予感です。こうしたものがないと世界を変革することなどできないというわけです。

人間は現実の社会を前にして、なかなかその現実から逃れることはできません。たとえば学校で勉強ができない生徒だとしましょう。この生徒がある日突然勉強をしたい気になる可能性はきわめて少ないでしょう。勉強ができないという現実を、当然のこととして受け入れる習慣が身に付いているからです。学校の中でもおそらくできない人間として、仲間からも先生からも判断されているでしょう。そんな中、自分の現実を否定し、自らを才能ある人間だと思い、勉強にとりくむなどというのは困難な話です。

そこには大きな現実との断絶しかないといえます。現実にある自分と、これからあるだろう自分との間に大きな断絶をもつというのはとても大変なことです。ブロッホはだから、こうしたことができるのは凡人ではなく、天才だけだというういい方をしています。しかし天才だけだというのでは、いささか希望がなくなってしまいます。凡人でも乗り越えることができるだろうという、こうした確信を持ちうることを期待してみましょう。そうすると何か力が湧いてくるかもしれません。実際受験生のための合格体験記の類は、そうした現実の自分と未来の自分との断絶を埋めるための書物といえなくはありません。実際そうしたものによって何人が勉強するようになったか知りませんが、いないわけではないことは確かでしょう。

この意味でブロッホの希望の原理はやや重い希望かもしれません。ある種才能をもった人が未来を描くというような部分は、凡人には大きな負荷を残すからです。

b スピノザ

それに対してスピノザの『エチカ』は、ある意味で凡人の能力の弱さをわかったうえで述べられています。人間は他人の成功を羨み、恨むものだということです。先ほどの生徒の場合を考えると、たいてい自分が偉くなろうと考えるよりも、他人を妬むか、自分を卑下する場合が多いだろうと思われます。スピノザはそのことを承知で、それを人間のよくない性質だと述べます。こうしたよくない性質は人間を楽しくはさせません。むしろ悲しくさせる、つまりその人をますます苦しめてしまうというのです。妬んで、卑下していてばかりでは、落ち込むばかりです。そんな経験を誰もがしていると思います。

それはなぜかといえば、人間にとってそれが人間に喜びを与えるような、よき構成になっていないからだというのです。神の意図は、人間をよく構成すること、つまり人間を気分良くさせること、喜ばせるということです。喜ぶと体も心も元気がよくなる。悲しむと心のみならず、体も苦しくなる。だから結局人間は、人をけなしたり、自分を卑下したりするより、人を褒める道を発見するのです。それが人間を愛する道だというのです。人間を愛すれば、そこにおのずと喜びが湧き、人生に希望が湧いてくるというのです。

c ヴェイユ

ブロッホの話もスピノザの話もやや楽天的ですが、それに比べるとシモーヌ・ヴェイユの話は悲観的かもしれません。彼女は頭痛という持病をもっていたせいか、その苦しみに耐えざるをえなかったわけです。人間は不完全な存在だと彼女は考えます。だから神は人間を最初から不完全なものとして創ったと考えることで、人間に大きな期待をしないことを学んだわけです。限度を超す物的な欲望というものは、否定すべきですが、一方でそれは、人間にとっては生きるための必然的な欲望であり、それに抵抗することはできません。それに対して勉強して偉くなろうというような喜びを持つことは、簡単なことではありません。崇高な欲望を持つことは難しく、物的欲望を持つことはやさしいことです。でもそれはしょうがないのだと考えます。『重力と恩寵』という書物は、奇妙な味わいをもつ書物です。崇高な行為は重力に抗うことであるわけで、学問を修めるとかといったことは崇高なことであり、それは重力に抵抗することです。人はそうしたことを行うには苦しみがともなうというわけです。

確かに人は人を愛するより憎むことの方が多い。それは自分にかかる重力の重さを他人に預け、軽くなろうとする傾向があるからだといいます。しかしそれを受ける他人はたまったものではありません。いわれた方は傷つく。そこでじっとこらえ、真空の空間をつくろうといっています。相手を非難しないで、何も考えない真空の世界をつくる。これも簡単ではありませんが、放置しておけば、おたがいに憎しみが増大することになるだけに、これはいい発想かもしれません。

d アーレント

四世紀の思想家アウグスティヌスを愛の概念という点から分析するアーレントは、愛を三つの概念にわけます。

最初の愛は物的欲望にとらわれた愛です。これはひたすらものを所有しようという願望で、支配欲でもあります。しかし、死というものを前にして、人には恐怖が芽生えます。どんなに支配しても死んだらおしまいだという不安です。そこで人はこうした他人から奪うしかない欲求を捨て、どんなに自分のものにしても、他人を排除しない愛にいたるのだといいます。それが神への愛です。

神への愛はカリタスというもので、利己的な野心の道具にならない愛のことです。永遠のものを愛することで、何かを自分のものにしようという物質的支配欲がなくなります。そうしたものを愛することは、他人に迷惑をかけないばかりか、自分を高めるものです。

最後の愛は、隣人愛だといいます。人間が神を知るということは、人間自身が神の一部をもっているということです。それは人間の始まりである『旧約聖書』の登場人物アダムに体現されているといいます。先祖の中にある神々しい何かを見ることで、神の意図を知る。そうすることで、人間は類として自らを自覚すると同時に、個人として自分の存在を自覚するわけです。それは、とりわけ隣人愛にあらわれるといいます。この隣人愛こそ、近代社会をつくる自由への願望だというのです。

e マルクス

ブロッホは『希望の原理』の最初で、希望をもった天才の一人としてマルクスをあげています。マルクスは、一九歳のときに、尋常の人では見ることができない未来をドイツ社会の中に見とおしたといいます。それが彼を未来の希望を語る人物にしたというのです。

なるほどマルクス自体は、希望について語っているのではありません。マルクス自体が希望そのものであったといえます。一九歳で見つけたこの希望のために、世俗的な仕事をすべて捨て、希望の赴くままにわが道を進んでいきます。

現実に存在するドイツやフランスの中に、普通の人ならば見落としてしまう諸矛盾をマルクスは見抜きます。

たとえば私的所有という問題です。私的所有は人間を自由にするといっているが、実は人間を不自由にするのではないか。あるものの所有があるものの非所有につながるならば、それは自由ではない。こうしてフランス革命がもたらした自由という権利の矛盾を鋭く指摘します。

ここでいう自由というものは、人間がばらばらの個人になったことから生まれます。人格としての個人がすべての価値基準になれば、個人の自由こそその重大な課題となります。中世と近代とを分かつものが個人の自由であれば、すべては個人の原則によって創られるというのが近代となります。だから近代が個人の利己心を解き放ったことで、個人的欲望の充足が近代の目標となったわけです。

ではこうした欲望は、人間がもっている公的な社会への参加とうまく照応しているのかという問題が起きてきます。利己心を生み出すことで、人は政治への関心がなくなる。そうなると結果として個人がつくりあげる国家は巨大な権力装置となる可能性があります。つまり個人の自由は、個人の不自由を生み出してしまいます。個人の自由につけられるさまざまな留保条件こそそれです。基本的には自由だが、これこれについては自由ではないという留保条件です。結局国家権力に就くものは、自由を制限することになるのですが、それに対抗しようにも、個々ばらばらの個人に分解した利己的人間ではそれに抵抗することが簡単ではありません。

こうしたことを現実の中に読み込むというのは、簡単なことではありません。深読みともいえるからです。マルクスはそうした現実を飛び越える目をもっていた人物であったのですが、それこそ彼の希望でもありました。そうした希望を描くことで、現実を越えた世界を構想できたわけです。

今に満足しないこと

希望とは今に満足しないことといえます。今という即物的な世界に満足することで、世俗の欲望だけにとらわれ、未来や人生の意味を見いだせなくなってしまいます。そこでいったんそこから離れる必要があるというわけです。

現実社会を否定するというわけではありません。現実は現実として重みをもっている。しかしその現実というものも永遠のものではない。だから、そこには不完全なものが多くある。それを見出し、それを越える何かを求める必要があります。

確かに未来を構想し、そこに希望を見出すことなど天才にしかできないことかもしれません。凡人はそのあとを追えばいいというかもしれません。しかし、たとえあまりにも遠くのことは見えないとしても、来るべき未来を見通す訓練はしておくべきでしょう。そうでなければ、氏素性がすべてで未来は何も変わらないという諦めにつながってしまいます。

かつてギリシアのエピクロス[3]の園では、すべてを疑い、既存の知を批判することが尊ばれました。快楽主義者と皮肉られる一面とは別に、彼らの生活は質素で、むしろ知のための快楽を捨て、ひたすら勉強しました。今と違った世界を考えるということは、こうした覚悟がないとできないことかもしれません。

変わるという確信を持つこと、それが希望だと思われます。絶望しかない世界で、かすかな希望にかけること、これほど困難なことはありませんが、困難をあえて行う勇気を持つべきでしょう。

第一章

希望をもつということ

ブロッホ『希望の原理』

エルンスト・ブロッホ

Ernst Bloch 1885-1977

ドイツの哲学者・神学者。
主著に『ユートピアの精神』『希望の原理』『哲学の根本問題』
『異化』『マルクスと革命』など。

踏み越えるものとしての希望

希望という概念を生涯かかって追求した人物こそドイツの哲学者エルンスト・ブロッホ[4]です。九〇歳以上生きた長寿の人物ですが、全三巻の大作『希望の原理』（山下肇他訳、白水社）という書物を書き上げました。希望についてこう語っています。

「大切なのは、希望を学ぶことである。希望がやる仕事はあきらめることがない。希望は、挫折にではなく、成功にほれこんでいるのである。希望は、恐怖よりも上位にあって、恐怖のように受け身でもなければ、ましてや虚無に閉じこめられることもない。希望という情動は自分の外に出ていって、人間を、せばめるどころか、広々とひろげていき、内側で人間を目ざす方向に向けさせるものが何なのか、外側で人間と同盟してくれるものが何であるのかについて知ろうとして、飽くことがない」（エルンスト・ブロッホ『希望の原理』第一巻、一七頁）

ブロッホがこの書物を書きはじめたのは、アメリカ亡命中の一九三八年のことでした。本書は一九五八年に完結するのですが、その第一巻が書かれはじめた時代は、第二次世界大戦の前後という暗闇の時代でもあったのです。希望という言葉がまさに語られねばならなかったときであったといえます。

もっともブロッホは、第一次大戦が終了した一九一八年に『ユートピアの精神』を出版し、続けて『トマス・ミュンツァー』を一九二一年に出版しています。この二つの著作はまさに未来への希望の書物といってもいいでしょう。最初の書物はスイスへの亡命中に書かれ、『希望の原理』は一九三四年アメリカに亡命した後書かれたわけです。戦後東ドイツに移ったブロッホは、一九六二年、再度生まれ故郷の都市ルードヴィヒスハーフェンのある西ドイツへ亡命します。

ここで希望といっているものは、漠然とした望みではなく、何かを確実に変えたいと思う強い意志のことです。それは常識をぶちこわしてしまうような激しい変革への意志とでもいえるものでしょう。

「考えるとは、踏み越えることである。(…)踏み越えることは、現に存在して動いているもののなかに媒介されているひとつのものとして、新しいものを把握することである」(前掲書一九頁)

この言葉にブロッホの思いが込められています。現に存在しているもののなかに未来への可能性がある。それを見つけることが、希望だというのです。現実の世界をただじっと見ている限り、そこに未来の可能性は見えない。現実の中にある可能性は、一度頭の中で分析し、そこで考え直してはじめて見えます。

現実というものをとらえることは簡単なことではありません。だからこそ現実というものはわかっていると思っていても、実は何もわかっていないということになります。現実の世界とその可能性との一種のズレを理解し、未来を描くことが希望だというのです。

その希望の例をブロッホは、一九世紀の思想家カール・マルクス[5]に焦点をあて、こう語ります。

「真の生成はすべて開かれたものであり若々しいものである。青春の名に価する青春と、生成とは密接にむすびついている。両者は不安定であることにおいて、前向きの夢をはらんでいることにおいて共通の性質をもっている。この性質は周囲を覆う殻と衝突する。そしてまだ訪れてきたことはないが、すでに到着時間がきており、今や浮上しつつあるものを促進する。今こそそれが来たるべき日なのだ。それに献身を誓った人びとと同じように若々しいその日が。

その日のはじまりの最先端に若きマルクスが立っている。あらゆる学生の中でおそらくもっとも激しく燃えあがる精神の持ち主であるこの学生をみつめることは、くりかえし私達を力づけ、また私達に適わしいことである」（エルンスト・ブロッホ『マルクス論』船戸満之、野村美紀子訳、作品社、七頁）

そしてマルクス自身の希望への瞬間を垣間見ることができる一八三七年一一月一〇日の父への手紙について説明します。この手紙の詳しい内容については第五章で触れることにしますが、ブロッホがここでいいたいことは、マルクスの中にあるある種の分裂のことです。それは青春時代にもつ未来への確信のことですが、青春時代の希望とは、そこにある自らの現実から見れば、ある意味まったく不可能なものへの夢です。だから希望と現実の隔たりの中で、人間は青春期において分裂するわけです。しかし青春がすばらしいのは、たとえそうした分裂があったとしても、あくまで未来への確信により現実をのりこえる力をもっているということです。

マルクスはまだ一九歳のとき、ドイツ社会を覆う矛盾についてある確信にいたったというわけですが、それはある意味たんなる確信にすぎず、いいかえればおもいつきの直感であり、具体的なものではありません。ですから、この確信をもったからといって結論にすぐ達するようなものではなく、ますますその先にその結論を得るための苦しみが待っているというようなものだったわけです。

最近の若者は夢をもたなくなったといわれます。私の大学においても新入生に元気がありません。希望大学に落ちたという程度の絶望なのですが、それが人生最大の絶望になってしまっています。せっかくの晴れの入学式が、お葬式になっています。大学は未来へのスタートであり、その大学の名前だけで人生を先物買いできるようなものではないということは、大人にはわかっているのですが、我が国ではどうも大学入試が、出発点ではなく、目的になっています。

マルクスは通して六年間大学にいたので、けっして世間でいう優秀な学生だったわけではありません。新入生のころは暴力事件を起こし、結局将来の約束された法学という分野から、もっとも未来のない哲学へと専攻を変えています。弁護士だった父親から見れば、それは失望だったことでしょう。まさにこの手紙が、法学を断念する手紙なのですが、勝手に思い悩み、哲学という未来を選択しているわけです。しかし、当人はいたって能天気で、学問にのめりこんでいます。結局やりたいことを大学で見つけたということです。大学がこうしたものを見つける場所にすぎないとしたら、マルクスは幸福な学生だったのかもしれません。今の大学生も、世俗的な未来に思い悩まないで、自分のやりたいことを決めるために大学に来れば、そのための時間と機会を提供してくれるものです。

ユートピアの夢

ブロッホは、若いころ、一六世紀宗教改革時代のミュンツァー[6]に関する研究とユートピアの研究を行っていました。第一次大戦までドイツの社会運動を支配してきたのは、第二インターナショナル[7]を指導するドイツ社会民主党[8]の考え方でした。その考え方とは、労働運動や社会運動を積極的に展開するのではなく、資本主義社会が引き起こす経済的矛盾をひたすら待つことでした。だから主体的運動といった概念が欠如していました。経済的矛盾、すなわち物質的に革命が起こるという条件がそろってはじめて革命が期待できるというのであれば、革命を期待することなど必要ではありません。運動はその意味では必要なく、必要なのは今ある社会状況の分析だけでいいということになります。

そんな中第二インターナショナルは、皮肉にも資本主義的発展の結果起こってきた帝国主義戦争である第一次世界大戦に、進んで参加することになってしまいました。労働者の国際組織第二インターナショナルは、戦争を阻止することができなかったのです。戦争を阻止できなかったという反省の結果、多くの人々はなぜ主体的に運動に参加しなかったのかという問題について頭を悩ませます。ブロッホのユートピアの精神の研究、そして具体的には一六世紀のミュンツァーの研究は、まさにそうした主体性研究の延長線上にありました。

革命はそれを望む希望から生まれたという実例をマルクスに求めたのも、そういった背景があったと思われます。いいかたを変えれば、革命家自身が革命的な意識を得るという経験を経ない革命がありうるかどうかということであり、革命はつねに革命家の未来への確信の中にあるともいえます。

ブロッホは主体性の革命家としてレーニン[9]をとりあげ、彼の『何をなすべきか』という書物を長々と引用します。それは、レーニンがある会議に出ていた折に考えた、マルクス主義者は夢をもつことが可能かという問いに対するピーサレフ[10]の主張をめぐるものです。その部分を長いのですが、興味深いので引用します。

「ピーサレフは夢と現実とのあいだの食い違いについて書いている。『私の夢が出来事の自然な成りゆきを追いこしてしまうこともあるし、まるっきり横道へ、出来事の自然な成りゆきが決して進みえない道へ、それてしまうこともある。前者のばあい、夢みることはまったく無害であり、それどころか、働く人間の行動力を促進し、強めることさえできる。』――こうした夢には、創造力を弱めたり麻痺させたりするものは何もない。

それどころか正反対でさえもある。もしも人間がこのようにして夢みるための能力をすべて欠いたとしたら、そしてまた、人間が時には前もって、ちょうど自分の手中でやっと成立しはじめたばかりの作品を、自分の想像力のなかでは統一的な完成像として眺めてみることを先取りしてやってみられないとしたら、そんなとき、はたしてどんな動機が人間を刺激して、芸術や科学や実生活の領域で、広範囲にわたる骨の折れる仕事に着手させ、成しとげさせることができるのか、およそ私には考えられない。――夢と現実とのあいだの食い違いは、もし夢をみるものがまじめにおのれの夢を信じ、生活を注意ぶかく観察し、その観察と空中楼閣的な夢とを比較して、およそ良心的におのが夢想の現実化につとめるとすれば、有害なものではない。夢と生活との間になんらかの接触点がありさえすれば、すべては整然と順調なのである」（エルンスト・ブロッホ『希望の原理』第一巻、二二六-二二八頁）

レーニンは、このピーサレフの引用のあと、彼の周りの多くの人々があまりにも冷静に現実をみつめすぎていて、現実を変えようとすることではなく、自らが現実的であることを誇りあっているということを批判します。機はまだ熟せずと泰然自若《たいぜんじじゃく》をきめ、誰一人なんらの行動もしなかったことを諌めるのです。

夢をもつことといえば、かつて元ビートルズのジョン・レノン[11]が、「イマジン」という歌を作曲しましたが、詩の内容は、「僕を夢想家だといわないでくれ、いつかは僕の夢がかなうときがきっとあるのだ」という内容でした。また、アメリカのキング牧師[12]も、「いつかわれわれの子供たちが肌の色の違いをこえて手をつなぎあえる日が来る」と述べましたが、まさにありえないと思われることを実現しようと思い描くことで、未来の世界へのブレークスルーをもたらすことができるのだというわけです。

たとえば私達のような社会科学研究者も、現実的である研究をすばらしい研究だと誇るものですが、これだと現実をただ肯定するだけの学問となりかねません。そこで現実に穴を開け、それを批判しなければならないのです。そのためには現実の資料をどんなに蓄積し分析しても、それだけではだめなのです。そこには夢というか想像力というか、まさに希望を加味することが必要です。

一九世紀後半、社会運動の中でもいわゆる即物的な科学主義がはびこりましたが、それに対する反動としてユートピアを持つことの意味をブロッホは訴えます。

「ことばのよき意味におけるユートピア原理の概念は、希望とその人間にふさわしい内容の概念として、まさに中心的なものである」（前掲書二二頁）

構想力ということばがありますが、その意味は、新しいものを構想する、現実を突破するみずみずしい力というわけです。こうした力は若い人々にだけあるのではありません。老人にとっては、肉体的な衰えとは別に知的なひろがりという強さがあるとブロッホはいいます。私も六〇歳を迎える今、時に二〇歳のころを懐かしみ、ああすればよかったという後悔の念を時々持ちます。二〇歳のころ、六〇歳の老人はまったく異星人のように思えたものです。ただ年を重ねるごとに、肉体的な衰えとは別に、妙に落ちついて世の中の全体が見えるようになりました。年齢によって積み重ねられた世界観が、若い時代の希望や、強さを欠くとしても、年齢を重ねた後の世界観は、それはバランスのとれたものとなります。

そこでブロッホは、こう述べるのです。

「どのようなときにも、没落する以外の運命に耳を傾ける道が残されている。「名誉と老いゆく頭」などよりは明らかにずっと多くのものが残っている。というのは、興隆する社会は、没落する社会とは違って、老人に自分の鏡像をみることを恐れないで、老人に塔の番人をみて歓迎するのである。(…)ヴォルテール[13]がいっている、無知なるものにとって老齢は冬であり、学識ある者にとってそれはぶどうをつみ、果汁をしぼる場なのである、と。このことは青春を排除するものではなく、青春を含みそれを後から成熟させるのである。青春回帰の願望は、迫りくるものとの円熟した接触によって、その苦悩を忘れる。この願望は到達した安定の境地、天真爛漫さと意味の深さとによって補償される。いや成就されるといってよい」（前掲書六六―六七頁）

一九歳のマルクスの夢もそれを完成させる晩年がなければ意味がありません。その意味で若者の夢は人々を老いさせないで、長生きを促進するはずです。

ここで、願望と欲望の二つは明確に分けられます。欲望とは、物的なものにとらわれた衝動のようなものです。それに対して願望というものは、現にあるものを超えて、欲するということです。前者は欲求に近い。欲求と充足。物的な意味で欠落したものを、なんとか埋めていくということで、差し引きゼロの状態に近いといえます。そこにはゼロサムゲーム[14]のような、ある一定量を目安にした差し引きゼロの充足感があります。願望は、一定量の充足で我慢できないもので、おのずと質の転換を願うものです。

夢と夢想もちがいます。夢は自分の頭の中で閉じている。寝ている間の夢は、一人の世界から出ることはできず、他人とその夢を共有し、共存できないわけです。しかし、夢想はその夢を他人に語りかけることで、つねに他人に対して開いていています。

「とりわけ、世界がいかに劣悪であるかをしり、他の世界になればそれがいかによいものでありうるかをわきまえたうえでの革命的関心は、世界改良の白日夢を必要とするのであり、そればかりか、そのような関心は、発見法とはまったくちがった形で、まったく事柄に即しながら、その理論と実践のなかに白日夢を堅持しつづけるのである」(前掲書一二三七頁)

かなり大胆ないい方ですが、今の世界がいかにひどいかということを知り、そのうえで、新しい世界を構想することは、一種の白日夢の世界を必要とするというのです。決意とでもいうものを生み出すには、いまある現実を飛び越えるような設計図を描く必要があります。それは現実と理論との間にあるある種の「ずれ」を埋めてくれるものでもあります。

ここでブロッホは希望と欲望について語るのですが、まさに革命への予感は希望です。どうしようもない状態からの脱却がそこにはあります。当然のことですが、希望をもつことは、失敗することへの恐れもともないます。未来にひそむ絶望は死ですが、死を前にするとひるむ。でもなぜそうした死を前にしてもひるむことなく進んでいく人々がいるのでしょうか。そこには決意というものがあります。その決意は、恐怖以上に未来への希望が勝っている場合に起こるわけです。恐怖を前にしてなおかつ未来の可能性をみること、それが希望だといってもいいとブロッホは述べます。

何かをつかむ予感

ではどうやったらそうした確信を得ることができるのでしょうか。ブロッホは、尋常の人々ではこうした確信を得ることは簡単ではないといって、天才の例をつかいます。予感は天才にしかないといってしまえば、通常の人々の希望という概念を説明することはできないのですが、まず天才とはなにかというブロッホの説明を見てみましょう。ひとことでいえば、ある種の予感を感じ、現在の状況を飛び越えてしまう人のことです。ヘーゲルの弟子ローゼンクランツ[15]の言葉を引用しています。

「天才は形式的な多面性をもちうるが、天才が偉大なのは、能才とは異なり、その多面性によるのではなく、ある領域における客観的な必然性を自己の個人的な運命として成しとげることにある。まさにそれゆえ、天才は歴史的な発展のなかにのみ彼の基準をもっている。なぜならば、彼はいっさいの所与を直接超えていなければならず、事態の客観的な進行によりまさに機が熟しているものを、個人的な欲求を満足させるものとして手に入れなければならないからである。こうした課題においてのみ、天才は魔神的な力をふるうのである。この課題がなければ天才は無力であり、多才な人間になりえても、新しいものを創造することはできない」（前掲書一七五―一七六頁）

なかなか意味深長な言葉です。通常天才とは、すぐれた才能をもっているものをいいますが、ここでは才能はあまり意味がないといっています。意味があるのは才能よりも、予感する力です。歴史的発展の中に自分なりの基準をもっていなければならないという表現は、いいところをついています。結局天才はまるで異なる世界からやってきたような基準を自分の中にもつがゆえに、現実の矛盾がよく見えるというわけです。その基準は、これまで支配的だった世界の基準を超えているものであるといいます。

機が熟しているという表現があります。機が熟しているとは、「変革の機」が熟しているということですが、それを理解する基準を自ら持つことこそ天才の天才たるゆえんというわけです。それを見つけ出す能力は、けっして教育によって後天的に与えられるものではないとすると、それはまさに生まれる時に与えられたものでしかないということになります。冒頭で引用したマルクスとレーニンはその意味ではまさに天才というわけです。

「ここにおいてついに、不安とその予感において示されたものが遂行される。それが起こるのは、生産力の最後の行為においてであり、苦しみに満ちてはいるが仕事の喜びにあふれた顕在期においてである。天才は勤勉であるが、それ以上に、作品の仕上げを長いことほうったままにしたり、持続的な熱意なしにやめてしまったりすることの決してない人である。（…）ショーペンハウアーの次のような言葉における真の観察どおりに。「能才は常人にとどかない的を射当てる射手に似ているが、天才は常人が見ることさえできぬ的を射当てる射手に似ている」」（前掲書一七六頁）

あることの変革を予感した天才は、それを最終的には成し遂げるのですが、それはきわめて勤勉に、あるいはなにかにとりつかれた長い研究期間をつうじてなされるというのです。それはあたかも先に答えがわかっているが、その証明に難航している数学者のようです。

かつて世界の数学者を悩ましたフェルマーの定理[16]というものがありましたが、この定理は二〇世紀末に証明されました。この証明を行うのになんと四世紀もかかったのです。当のフェルマーはすでにこの定理の正しさをその時代に証明していたというのですが、その証明のメモが残っていなかったのです。それこそ名だたる数学者がこの問題に挑戦して、すべてしりぞけられていったのですが、最後にこの証明を解いた数学者は、それまで先輩達がつくりあげてきた近代数学を用いてこの問題を解いたのです。だったら、近代数学の知識のなかったフェルマーはどうやってこの証明を行ったのでしょうか。おそらく証明はできていなかったのでしょう。しかし、この定理が成り立つ事を、証明もなく予感したフェルマーはやはり天才だったといえるかもしれません。

たとえばマルクスのような人物は、あることにとりつかれたように勉強し、一度完成したものを破棄し、そしてさらに再度勉強したものさえ壊していきました。こうした賽の河原で石を積むかのような無駄な努力とも思える方法で、最後の証明を成し遂げているのです。マルクスのまわりのものは、マルクスのことを「何も完成できないとんでもないやつだ」と批判していますが、それはある意味この予感と、その予感を追っても、追ってもついていけない、彼の文筆能力と研究能力との大きなズレに起因するといってもいいかもしれません。

つまり、先に予感が先行し、それに現実がついていく。だからつねに予感に引きずられる現実は、未完成のままであるわけです。残された膨大なノートは、そのずれの大きさを証明するものです。もっとも、マルクスについてはノートや草稿の類までことごとく公表されているのですが、こうしたものをすべて公表することで彼の知的営為、すなわちこのずれが理解できます。とはいえ、そこから彼の新しい思想を探し求めることは無意味なことかもしれません。あくまで内容はずれているわけですから。

夢をもつには自らを変えるしかない

さて、新しい未来を切り開くことが才能ある天才の役割だとブロッホは書きましたが、彼らが描く世界はたんなる絵空事のユートピアなのでしょうか。なにかがあってそれから構想するのではなく、なにかがある前にそれを先取りするようなことは、一種の妄想だといえるかもしれません。「君のいっていることは夢に過ぎない」といわれればそうだというしかないともいえます。実際才能のある人間しか、現在の世界の亀裂を見つけられないのですから。

子供のころ聞いて今でも覚えているこんな話があります。それはオランダの少年の話です。ある日少年が歩いていると、土手に小さな亀裂がありました。近くには大人は誰もいない。どうしようかと迷っていると、その小さな亀裂がどんどん大きくなろうとしているのです。その少年は自らの手をその穴に入れ、町を救ったということでした。

オランダは海抜ゼロメートル以下の町が多い。実際私もアムステルダム郊外のアムステルフェーンという町にかつて住んでいましたが、そこはマイナス四メートルでした。幸い私のアパートは、三・四階（家の中に階段がある）で、洪水が来てもなんとかなるようなところでしたが、堤防税という変わった税をみんながはらっている国です。それほど洪水が恐怖です。洪水が来ると国土が水没し、消滅するからです。

この話は、実際にあった話だとはおもえませんが、ブロッホがここで語っている予感というものは、まさにこうした小さな亀裂を意味するのかもしれません。誰もがそれを見つけてはいないが、ほんの少数のものが見つけている程度のものです。実際にこうしたものを見つけるには、精神を集中しなければならないわけです。大人は毎日の仕事が忙しくてそれに気づかない。意外と子供のほうがそれに気づいてしまいます。

「したがって、このように規定されるユートピア的な機能をもった空想が単なる妄想と区別されるゆえんは、前者のみが、期待しうる種類の未だ在らざる存在をもっているということである。つまり、その空想は空虚な可能性のなかを戯れ、さまようのではなく、実在的な可能性を心理的に先取りするのである」（前掲書一九八頁）

こうした予感を理解するには、ただ即物的に事実を見ればいいというものではないのです。むしろ自分の中にある意識を積極的に分析することから得られる自己変革を必要とするのです。革命家は革命を考える前に自らを革命する必要がある。第二インターナショナルの時代には、経済が発展するとひとりでに資本主義は崩壊し、資本主義社会は社会主義社会にいたるというようなことが真面目に考えられていたことを先に述べましたが、これが正しいとしても、これだと突然そうした変化の時代が到来しても、それにどうやって対処していいかわからないということになります。ケレンスキー[17]がロシアで政権を取ったとき、その数ヵ月後にボリシェヴィキ[18]が政権をとるなどと誰が思っていたでしょう。そこに時代を見抜くレーニンの偉さがあるのですが、そうした未来をレーニンだけでなく、すべてのものがもたないと本当の意味で革命は起きないでしょう。

ギリシア時代にデモクリトスという自然科学者がいました。彼は事実を正確に知ることが重要だと考え、実験と経験を重んじていました。しかし、どんなに実験や経験を蓄えようとも、実験している人間が間違っていたのでは真理に到達できません。現実をただ正しいと説明するだけのことにすぎない。エピクロスは、だからそんなことをするより、どこにもいかないで、思索した方がいいと述べたのです。

意識の変革という問題は、実はマルクス主義では長く議論されてこなかったといえます。なぜ人間には威張った人々がいるのか、なぜ自分勝手な人がいるのか、こうした人間の意識の問題にまでさかのぼっていかないと、本当の社会の変革はできないはずです。まさにここには人間というものの完成、陶冶という問題があります。後にこうした問題はイデオロギー[19]

という問題で議論されますが、しかしイデオロギーはたんに現実を支配する体制によって規定された思想というだけにとどまりません。イデオロギー形成の要因にはさまざまなものが関係しているからです。イデオロギーを払拭するには、個々人が意識を変革する努力が欠かせません。

ブロッホは若きマルクスの手紙を引用しています。それは一八四三年のルーゲ[20]との往復書簡です。そこでマルクスはさまざまな解釈を生み出すかもしれないいいまわしをしています。

「したがってわれわれのモットーは、ドグマによる意識の変革ではなく、自分自身にもわからない神秘的な意識の分析による意識の変革であらねばなりません。そうすれば、世界は長いことある事柄について夢を見てきたが、その事柄を現実に所有するためにはそれについての意識をもちさえすればいい、ということが明らかになりましょう。問題は、過去と未来の間の長いダッシュではなく、過去の思想の実行であることがはっきりするでしょう」(前掲書二一二頁)

この手紙は、マルクスがアーノルト・ルーゲとフランスで発刊しようとしている『独仏年誌[21]』の方向について議論しているのですが、マルクスは、腰が引けているルーゲに対してしっかりとした未来の革命に対する態度を表明するように諭しているのです。

意識の変革という考えは、後のマルクスではなくなったのではないかという解釈はあるでしょう。しかし、少なくともこの段階では、社会変革のために意識の変革を重要視していたことはまちがいありません。そしてそうした意識の変革も、意外とちょっと前の思想からみてそれが理解できるようなものであること、それはそんなに遠くにあるものではないことを述べています。

マルクスは『デモクリトスとエピクロスの自然哲学の差異』[22]という博士論文をその二年ほど前に書いています。これは人間の自己意識がなぜ自由であるかということを証明したものですが、題材はギリシアに取られています。原子をめぐる二つの議論、すなわち原子は曲がるか、曲がらないかという議論が題材です。マルクスは、原子は曲がるというエピクロスの考えを高く評価するのです。それは彼がエピクロスの自然観に共鳴したことからきています。エピクロスの、宇宙は無限であり、すべての物質は不死であるという考えは、中世キリスト教社会では神の存在を否定する異端として弾圧されましたが、一九世紀前半には唯物論の議論として盛んにとりあげられるようになっていました。これに影響されていたのですが、なるほど実験を重んじたデモクリトス[23]と思索を重んじたエピクロスを比べれば、一見すると前者の方が唯物論に見えます。しかし、実際見る側の意識が偏見にとらわれていたのでは、見えるものはすべてその偏見通りということになります。エピクロスはだから、人間の意識を変革することで、原子は曲がるのだというありえないことを証明したわけです。人間が自然の視点、数百万年単位でものごとを見られるようにならないかぎり、自然の出来事はわからない。原子が曲がるということは、一年や二年の問題ではなく、永遠の相で見ることを要求します。エピクロスの主張のポイントはそこにあります。人間の意識の自由も同じことで、現存する社会体制からは出てこないのです。

このような未来への予感は、まあ楽観的というか、底抜けに明るい性格のなせるわざにもみえますが、マルクスの変革の予感は、未来の新しい世界は理論的にはすでに完成しているのだというエピクロス的な思索の結果だともいえます。ルーゲはマルクスのこうした発言に内心忸怩《じくじ》たるものを感じながらも、結局どんどんひっぱられていくのです。

マルクスの発言にどれほど確信があったかわかりませんが、恐れを知らない若者の発言にまわりの人々はどんどん吸い込まれていくような部分があります。もっとも、ルーゲのようなまわりの大人は、人生の苦労を味わっている分かしこくて、生活という観点から革命運動に深入りはしていないのです。いわばマルクスだけがこうした革命議論で仕事を失い、生活に追い詰められていくことになります。マルクスはもう引き下がることができない亡命者としての生活を二〇代半ばでひきうけることになるのですから。

希望と革命

ブロッホは、こうしたマルクスの予感と決意が、どれほど彼自身とその家族に犠牲を生み出したのかについては語っていません。

実際マルクスは、大学時代ありあまる送金を受け、それをことごとく自分のために使っていました。弟や妹もいたのですが、おかまいなしでした。そこで父親は手紙で小言をいいますが、聞く耳持たずで、六年も大学に在学することになったのです。

実際ブロッホの記述はロマンチックすぎるきらいがあります。革命の予感とそれによる革命への実践という決意は、よほどの人物でない限りおいそれとできるものではありません。

青春の蹉跌とでもいうべき問題が実はこの予感にはあります。こうした予感による希望と革命は、歴史という視点から見るとすばらしい成功かもしれませんが、ひとりの人間の物質的生き方からすればけっして成功とはいえないかもしれません。一徹に真理を追い求める姿だけを見ると、そこにあらゆるものの創造的力があるのかもしれませんが、その背景に苦難の道というものがよこたわっているわけです。

「先取りされた理想は、もしその先取りが具体的なら、傾向‐潜在の客観的な希望内容のなかにひとつの相関物をもっている。この相関物が規範としての倫理的理想を可能にし、おそらく実在するようになるであろうものを示す予兆としての美的理想を可能にする」（前掲書二三三頁）

先取りされた理想は、現実の中に照応する、それに照応する内容のものをもっているというわけです。それが現実の中で埋もれているさまざまなものを復興させ、理想的なものを実現する可能性を導き出すということですが、先取りされた姿を表現することは簡単ではありません。

芸術家はその芸術によって、哲学者はその哲学によってそれを表現しなければなりません。とすると、先取りされたものは、先取りされた芸術様式でもあります。だから、そうした新しい芸術様式がない時代に、それを表現するということは至難の業です。表現する道具がないわけです。三次元のものを二次元で表現することは可能か。これは困難な課題です。だから表現は難しく、わかりにくい複雑なものとなってしまいます。いいたいことがいえるには、そうした道具が現実に存在する時代をまたなくてはならないのです。先人の苦労というものはまさにそこにあるといっていいかもしれません。辞書もなく、解剖も行われていない時代に、オランダ語の『解体新書』を翻訳した前野良沢[24]と杉田玄白[25]の苦労ははかりしれないものがあるわけです。

そしてこうして得られた希望も、また次の先取りによって克服されていくわけで、永遠におわることのない世界となっていきます。革命が先取りならば、その革命はやがて次の革命によって古びていく。希望は次の希望によって古びていくことになります。

第二章

喜びをもつこと

スピノザ『エチカ』

ベネディクトゥス・デ・スピノザ
Benedictus De Spinoza 1632-1677

オランダの哲学者。
主著に『神学・政治論』『知性改善論』
『国家論』『エチカ』など。

スピノザの背景

私はここで、喜びをもつことが人生にとっていかに重要なことかを、スピノザ[26]の議論から語りたいと思っています。「よき構成」というい方を彼はするのですが、人間同士がよき構成をしているときには、喜びがあるというのです。逆に「あしき構成」をしているときには、悲しみがあるというのです。人間は本来よき構成を行うようになっているというのが彼の主張なのですが、あまりにも話が唐突なので、なぜこうした主張をするのかを少し順序を追って話してみたいと思います。

ここで少しユダヤ人思想家のことについて数世紀さかのぼってみましょう。一二世紀イベリア半島のコルドヴァにマイモニデス[27]というユダヤ人がおりました。やがてマイモニデスはこの地を離れ、転々とし、最後はエジプトに渡ります。この人物に『迷えるものの導きの書』という書物があります。ここではマイモニデスがどういう人間であったかということは語りません。一七世紀のスピノザと比較するために、少し彼の考えを見てみようというわけです。

西欧には二つの大きな考え方が昔からあります。ひとつはギリシア哲学の流れをくむもので、われわれのまわりにあるものは神などと関係なくそれ自体として存在するという考えと、もうひとつはわれわれの世界は神が創ったのだという考えです。神の世界と自然の世界が二つ存在するとしても、その二つはどう結び合うかという問題がここで起こります。神がこの世界を創造したのなら、存在する物質には神の意図があるはずですが、そうでなければあるのはたんに何の意味もない物質だけです。物質だけしか存在しなければ、われわれの命も含めて、この世界は即物的に物質の生成と消滅の過程しか残りません。そこには何か物質の目的であるとか、物質の意味があるとかといったことは考えられないのです。中東で生まれた一神教[28]は、キリスト教、ユダヤ教、イスラム教、どれをとっても神がこの世界を創造したのだから、物質には神の意図、すなわち目的が刻印されているということになります。

第四章で問題にするアウグスティヌス[29]は、まさに物質の問題から神を導き出したことで、ギリシア思想とキリスト教思想をうまく結合させました。しかし、ルネサンス時代が近づくにつれて、こうした思想も次第に説得力をもたなくなってきました。とりわけイスラム文化圏では、ギリシア哲学が読まれ、自然科学が発展したおかげで、自然界の物質の変化が、神の導きの糸とどう関係するのかという問題がかなり大きな議論になってきていたわけです。神当時イベリア半島は、イスラム文化圏の中にありました。そこにいたアヴェロエス[30]とマイモニデスは、アリストテレス[31]的な自然法則の議論をどう宗教の中に組み込むかということで苦闘した人々です。まさにイスラム圏から、ヨーロッパを変革するルネサンスは起こりつつあったといってもいいのです。

マイモニデスは自然法則と神の法則を二つにわけ、どうしても説明のつかない自然界の現象と宗教との関係を、宗教を教導するラビ[32]の教えによって説明しようとします。まさに迷える問題について、ラビがどうそれを指導するかという書物がこの『迷えるものの導きの書』です。

たとえば奇跡は起こるかどうかという問題があります。自然界では奇跡は起きないが、まったく起きないと考えるよりも、神の意図が働き、奇跡が起こることもあるとマイモニデスは考えます。すでに自然科学の知識をもち、自然法則を知っている彼ですが、自然法則を神の法則から切り離して、まったく自然界の法則だけで説明することはしません。

一七世紀、まさにマイモニデスのこうした二元論的な解釈を徹底的に批判し、神の法則は結局自然の法則にならざるをえないという形で、一元論的な世界の説明を主張するのが、スピノザです。彼は『神学政治論[33]』の中で、マイモニデスを批判しています。

スピノザは、無神論者としてユダヤ世界から破門された人物ですが、一方でキリスト教世界からも危険視された人物です。それは彼が神を前提にしながら、神をいつのまにか無視してしまうからです。

スピノザにとっての神

『エチカ』[34]という書物は、ethicsというラテン語の派生語の英語を見ればわかるように、人間社会の倫理について述べた本ですが、実際の記述は人間社会の範囲を超える壮大な書物です。つまり、この世界はどうやってはじまったかという話からはじまり、その結果どういう生き方をしなければならないかという未来への予測を含む書物で、神の話をしながら、自然の話をし、さらにそこから人間の話にもっていくという壮大な手順を踏んでいる書物です。

スピノザは、まずはじめにこの世界を創造したものは神だと述べます。この世界の創造者こそ永遠のものであり、その意味で永遠の事物である実体は神しかいないと考えます。被造物、すなわち自然界のあらゆるものは、永遠ではなく移ろいやすいものであり、それらは実体から延長して生まれるもの、すなわち神の属性だといいます。被造物である自然界は、神の延長線上にあるもので、それ自体が神ではないが、神の延長物です。人間もそのほかの動物も物質も、すべて神の延長線上にあるものです。逆にいえば、物質それ自身の中に神が宿っているわけで、後に汎神論といわれるものがそこにあります。つまり自然界の中にすでに神がやどっているというわけです。

こうなると自然界の物質は、一度できてしまうと、神の意志を実現するべく存在していることになります。しかしもうこの時点で神の存在が見えなくなってしまいます。これこそ、彼がユダヤ教からもキリスト教からも恐れられた部分で、ここから読めば、神とはまったく関係なく自然の事物の法則だけを問題にしているようにみえます。しかし、実際は自然の事物に神の意図が反映されているというところにポイントがあります。そこがエピクロスなどと違うところです。もっとも一六〇〇年、人間の不死と宇宙の永遠性についてエピクロスの説を再度とりあげたジョルダーノ・ブルーノ[35]は、ローマで処刑されていますので、スピノザもおいそれと同じようなことを書くなど、危険でできないことだったでしょうが。

それはともかく、神の意図が反映するそのポイントとは、第一に物質界が神の延長線上にあるということ、第二に神の思惟が人間の肉体の刺激（変状）に与えられているという二重のしばりによって、神の意図は自然界に反映するようになっているということです。

「感情とは我々の身体の活動能力を増大しあるいは減少し、促進しあるいは阻害する身体の変状〔刺激状態〕、また同時にそうした変状の観念であると解する」（スピノザ『エチカ』畠中尚志訳、岩波文庫、上巻二〇二頁）

人間も動物のひとつである以上、精神といわれるものも動物の触覚器官とさして変わりません。人間の思考も、その意味では外界の刺激を受けて反応する物質の変状にすぎないことになります。考えることは、なにか特別なものではなく、物質と物質が刺激しあう行為にしかすぎないというのです。なるほど、考えるということは脳で電気が流れていることであるわけで、それを思考と呼ぶか、電気分解と呼ぶかのちがいです。もっとも、考えることは電気分解ではあるのですが、そこには神の意図があるので、当然神が考えていることが人間の思考に投影されているわけです。たんなる物質の変状ではないのです。

人間の思考は、物質的変状であると同時に、思惟でもあるということは、そうした精神が考えるということに無理があってはいけないということを意味しています。物質の変化に無理があっては、身体が崩壊するからです。無理のない物質の変状とはなにか。それは考えていてそれ自体気持ちがいいことです。苦しみながら考えてはいけないのです。

実際、現実の刺激を受けないようなことは考えられません。空飛ぶじゅうたんなどは、どう考えても現実から理解できないので、空想としてはありえても、現実のものとしては考えられません。飢えたときにステーキのことを考えてもうれしくはない。むしろ飢えは一層増す。それも幻影だからです。そこには無理があるのです。無理があるものは、キマイラ（幻影）である。あくまでも現実の中で考えられることでないと、考えても意味がないのです。

人間の喜びとは

人間の喜びとは、まさにこうした無理のない考えの中にあります。そしてつぎのようにスピノザは述べます。

「そこで我々は、精神がもろもろの大なる変化を受けて時にはより大なる完全性へ、また時にはより小なる完全性へ移行しうることがわかる。この受動が我々に喜びおよび悲しみの感情を説明してくれる。こうして私は以下において喜びを精神がより大なる完全性へ移行する受動と解し、これに反して悲しみを精神がより小なる完全性へ移行する受動と解する。さらに私は精神と身体とに同時に関係する喜びの感情を快感あるいは快活と呼び、これに反して同様な関係における悲しみの感情を苦痛あるいは憂鬱と呼ぶ」

（前掲書上巻二一八頁）

ここでスピノザは、外界から刺激を受ける受動的な行為の中に、喜びと悲しみがあるといいます。喜びは、精神だけでなく身体にも快感を与えるものをいい、悲しみは精神だけでなく身体も不快なものにするといっています。身体の快感といえば、スポーツなどの運動を行ったときに感じます。それは爽快感というものですが、爽快であるのは身体と精神との統一が取れているからです。精神だけであればやはり足りないし、身体だけでもやはり足りない。二つが合一することが重要です。

精神的に落ち込むと体が妙に疲れます。きついことをいわれると胃がキリキリ痛むなどというのは、精神と肉体が合一しているからです。逆に体がだるいときは、何を考えてもいい思いはしない。歯が痛いときなど、何も手につかないということはたびたびあります。

二つが合一していることを、よき構成というのですが、こうしたよき構成を感じることを喜びといい、そうでない場合を悲しみというわけです。

「これらのことによって我々は愛および憎しみの何たるかを明瞭に理解する。すなわち愛とは外部の原因の観念を伴った喜びにほかならないし、また憎しみとは外部の原因の観念を伴った悲しみにほかならない」（前掲書上巻一八三頁）

人間のさまざまな感情

ここでスピノザは、喜びと悲しみから、愛と憎しみという人間の感情がなぜ起こるかを説明していきます。とりわけ人間の感情がもつ誤解とでもいう、感情について説明します。実際にそうであるかどうかよりも、そう思うということが人間の気持ちをいかにボロボロにしていくかということを語るのです。

なぜ人は、あるものを見ると喜び、あるものを見ると悲しむのでしょうか。人生でこれほどつらいことはないのですが、誤解だとわかっていても、ついあらゆることを邪推してしまう。感情の高ぶりは人を不幸にするのですが、とりわけ精神のみならず肉体をもボロボロにしてしまうから大変です。

「今しがた述べたことどもから、我々は希望、恐怖、安堵、絶望、歓喜および落胆の何たるかを理解する。すなわち希望とは我々がその結果について疑っている未来または過去の物の表象像から生ずる不確かな喜びにほかならない。これに反して恐怖とは同様に疑わしい物の表象像から生ずる不確かな悲しみである。さらにもしこれらの感情から疑惑が除去されれば希望は安堵となり、恐怖は絶望となる。すなわちそれは我々が希望しまたは恐怖していた物の表象像から生ずる喜びまたは悲しみである。次に歓喜とは我々がその結果について疑っていた過去の物の表象像から生ずる喜びである。最後に落胆とは歓喜に対立する悲しみである」（前掲書上巻二二八頁）

希望、恐怖、安堵、絶望、歓喜、落胆といった問題についてスピノザは表象（頭の中で思い描くこと）という観点から説明しています。

　恋をしている若者を考えてみましょう。恋を打ち明けようと思っている若者は、いったい相手も自分のことを愛しているのかどうか不安になります。しかし家で悶々とそのことを想像している間は、確かな愛を見つけていないのですが、いくらかの可能性はあると期待します。それが希望だというのです。しかしこの希望は、不確かであるので、あれやこれやと相手の行動や態度を振り返って判断すると、途端に希望は愛されてないという恐怖に変わります。そこで実際どうなのかと悩む。愛されているのか、愛されていないのか、花占いではないのですが、悶々ともだえ苦しむ。そしてついにそのことを相手に打ち明けると、その結果が出る。恋が成就すれば、希望は安堵に変わり、ほっとした満足感を得ます。しかしそうでなければ絶望というものが来る。希望が成就し、飛び上がって喜ぶ気持ち、それは歓喜です。大学受験に受かったとき、上の空で、幾分熱がでます。歓喜が私たちの体に刺激を与えているからですが、当然逆の意味で絶望の時でも体は同じ反応をするはずです。

二〇年くらい前にサブリミナル効果[36]というのが話題になったことがあります。これはテレビなどの映像のなかに、人間が認知できない速さでスポットCMを入れるとどうなるかということで話題になったのですが（実際これは無意識のうちに商品広告を顧客に刷り込むので禁止されているようです）、これは認識以前の部分で肉体に刺激を与える方法です。つまりある商品がすばらしいという宣伝を、人が認知できない速度で流す。すると知らず知らずのうちにそれを好むようになるというわけです。もちろん当人が知らないところで操作しているわけです。こうした肉体に直接ささやきかける刺激は多くあります。このサブリミナル効果をつきとめると、意外な事実に気がつきます。一定の刺激を繰り返すことで、肉体にある種の興奮状態を作る。それによって商品の印象を刻印する。要するに脳ではなく、肉体に興奮状態を作り出すことだそうです。人間に対する興奮状態は、喜びでも悲しみでも基本的には同じだそうです。要するにサブリミナルは一定の刺激を与えることで、それを喜びに変えることを意味しています。

しかし、絶望も悲しみも同じ興奮状態であるといっても、精神に与える影響、そしてあと肉体に与える影響ははるかにちがいます。

スピノザは、人間相互の愛の感情について分析しています。自分が愛するものが破壊されるのは悲しみであり、維持されるのは喜びであると述べます。これはなるほどで、自分が愛する家族の死ほど悲しいものはない。逆に子供たちの大学合格などは、とてつもない喜びとなります。自分のことではないのですが、愛という関係によって人間は他人の成功や失敗を自分のものにすることができるのです。

逆にどうでしょうか、嫌いな人物が不幸に陥るという場合には、喜びになってしまいます。そうしたことを考えると、心がねじれているといわれようと、人は嫌いな人の不幸を喜ぶものです。とはいえ一般的に見た場合、人間は他人の不幸を喜ぶものではありません。不幸な人を助けたいという感情があるわけですから。憐憫の感情がそれです。

「憐憫の何たるかを我々に説明してくれる。我々はこれを他人の不幸から生ずる悲しみであると定義することができる」（前掲書上巻二三二頁）

どんな極悪非道な人間といわれるものでも、憐憫の情をもたないものはいません。芥川龍之介[37]の短編「蜘蛛の糸」という作品にでてくる極悪非道の主人公は、あるとき蜘蛛を助けます。それを見ていたお釈迦さまが、彼に蜘蛛の糸をたらして天国に引き上げようとするのですが、この人物にも憐憫の情があったのです。

嫉妬

一方で他人を妬むという感情はどうでしょうか。誰でも嫉妬というものがあります。他人が偉くなることを望まないという感情です。ノルウェーの画家ムンク[38]の絵に「嫉妬」という作品があります。青白い顔をした痩躯《そうく》の人物が、絶望的な状態で、ある人物を嫉妬している絵です。たとえその嫉妬が真実ではなく、たんなる思い込みや疑心暗鬼であるとしても、どんどん想像が膨らみ、嫉妬は激しい怒りになって爆発します。

愛するものが喜ぶことは、喜びだと述べたのですが、しかしその愛するものが、いまや自分を裏切っていたとしたらどうでしょうか。恋人の裏切りを想像してください。ムンクはまさにそうした絵を描いているのですが、そうなると愛するものの喜びは突然憎しみに変わります。嫉妬とはそういうものです。愛するものの喜びも、愛されなくなる場合に嫉妬に変わるのです。まさに人間の心とは勝手なものです。

「ねたみとは人間をして他人の不幸を喜びまた反対に他人の幸福を悲しむようにさせるものと見られる限りにおける憎しみそのものにほかならない」（前掲書上巻二三四－二三五

頁）

嫉妬にいいところがないのは当然です。嫉妬していると心も、肉体もボロボロになります。まるで毒でも飲んだのではないかと思われるほど、顔色が悪くなり、全身に汗が出てくる。自分の恋人とほかの人物が楽しそうに歩いていると想像するだけでも狂ったようになる。大学人であるわれわれは、他人の論文が評価されるとわかると、いてもたってもいられない嫉妬を感じるものです。だから相手をぼろくそにこき下ろしてしまいがちです。だからといって嫉妬する人物に猫の死体を送ったり、贈り物にかみそりを入れたりすることはめったにないでしょうが、辛辣な言葉をなげかけたりするものです。名前が売れるといやがらせを受けることはよくあります。

アダム・スミス[39]は『道徳感情論』で、同感という言葉（シンパシー）を彼の理論の基本的フレームワークにしています。人間と人間とを結びつけるものが同感であれば、当然相手が自分より偉くなったりすると同感はどうなるのかということが心配になります。スミスは、相手が自分より偉くなると、そのように自分もなろうとして励むことで同感をもつことができるといった表現をしていますが、励んでもだめであれば、嫉妬は高まるばかりでしょう。

高慢、見くびり、かいかぶり

では威張り癖のある人、高慢な人はどうでしょう。よくレストランでウェイトレスをしかりつけている人がいます。「お客さまは神様です」から、店員はぺこぺこするしかないのですが、店員の苦痛はおいて、当人さぞかし偉くなった気分で楽しいだろうと思われます。しかし、スピノザは、これは悲しみだというのです。法螺を吹いたり、自分を実際以上にえらく見せようとする人は、本来の自分をかさ上げすることで、実は内心苦しんでいるというわけです。

セールスマンはひたすら頭を下げるしかないのですが、そのセールスマンも時としてセールスを受ける時があります。そうなると途端に威張り始めたりしますが、それも結局幸福ではない。不幸の裏返しというわけです。

「高慢とは人間が自分自身について正当以上に感ずることから生ずる喜びである。次に人間が他のものについて正当以上に感ずることから生ずる喜びは買いかぶりと呼ばれ、最後に人間が他のものについて正当以下に感ずることから生ずる喜びは見くびりと呼ばれる」（前掲書上巻二三六頁）

スピノザはここで喜びだといっていますが、これはあくまでそう思っている当人は気持ちがいいからです。かってに自分を偉いと想像することで確かに喜びは一時的に得られますが、しかし、やがて相手が本当に自分のことを尊敬してくれているのかどうか不安になってきます。そうすると、今度は見透かされたような気がして、怒りが爆発する。すばらしい人間だと思っていた人がそうでないとわかると、怒りは爆発する。やさしい人が相手をしかると、日ごろしかっている人以上に憎まれる。これらは相手の勝手な思い込みなのですが、喜びがすぐに怒りに変わるのです。自分以下だと思っていた相手が、けっこう立派な人間だとわかると怒ります。それも同じことで、勝手な思い込みが、人間の喜びを徒労に終わらせるのです。

とはいえ、人間はえてしてこういうものであり、自己中心的であるわけです。スピノザも、そのことを決して否定していません。むしろ人間の性《さが》であるとさえいっています。

「人間の本性は一般に、不幸な者を憐れみ幸福な者をねたむようにできていること、しかも（前定理により）他人の所有していると彼らの表象するものを彼らがより多く愛するに従ってそれだけ大なる憎しみをもってねたむということが分かる」（前掲書上巻二四

五―二四六頁）

隣の庭はよく見えるという表現がありますが、まさに他人のことは気になります。隣の家がピアノを買ったり、その息子がいい大学に合格すると、途端に怒りが増す。これは嫉妬ですが、けっしていい気分ではありません。けちをつけたあと、ふっと絶望感がおそってくる。そして溜息をつきます。なぜこれが溜息に変わるかといえば、結局その人にとって建設的ではないからです。成功した人が死ぬことをどんなに願っても、それはむなしいことです。だからそこにはペーソスともいえる悲しみが生じるわけです。

「我々の憎むものが滅ぼされたりあるいは他の何らかの害悪を受けたりすることを我々が表象することによって生ずる喜びは、同時にある悲しみを伴うものである」（前掲書上巻二六三頁）

行き所ない絶望感が妬むものの心を捉えます。しかし、これをもつなといっても、どうしようもない。石川啄木[40]の歌にこんなものがあります。「友がみなわれよりえらく見ゆる日よ花を買い来て妻としたしむ」。自分のふがいなさをなぐさめるしかない。どうしてこのように、喜びが悲しみに変じたりするのでしょうか。

平静をたもつこと

実はスピノザは、喜びも悲しみも状況によるのだといいます。あることが喜びになるとしても、それは同時に悲しみにもなるのです。

「おのおのの物は偶然によって希望あるいは恐怖の原因であることができる」（前掲書上巻二六六頁）

身勝手といえば身勝手ですが、さっきまで喜びだと思えていたものが、すぐに悲しみになることもある。それは偶然によって決まるのです。また別のいい方をします。

「偶然によって希望あるいは恐怖の原因たる物は善い前兆あるいは悪い前兆と呼ばれる」（前掲書上巻二六六頁）

なぜ喜びはいつも喜びであり、悲しみはいつも悲しみなのでしょうか。それは、人間の喜びや悲しみが、自分の中ではなく、外、すなわち外部に依存しているからです。外部とは自分で思い通りにならないものをいいます。喜びを維持するには、外部をどれだけ自分の中に入れるかということになります。要するに人間が外部に依存しなくなることです。具体的にいえば、偉くなろうとか、人の上に立とうとか思わないことです。平静を保つことともいうのでしょうか。

なんとなく、これは四柱推命[41]などの東洋の思想と似ている気がします。今から四〇年ほど前、天中殺というのが大ブームになりました。「天中殺[42]」という言葉は流行語になり、「今は天中殺だから何をやってもだめ」といういい方がはやったわけです。これは四柱推命から来ているというのですが、本来人間は良くもなく悪くもなく、平静でいるのが理想だというのです。ところが、天中殺とは自分でどうしようと、上り調子のときは上り調子になるし、下り調子のときはどんどん下り調子になる時期のことで、要するにこれはいいことではないのです。『天中殺入門』（青春出版社）本をベストセラーにした和泉宗章さんという方は、やがてこれは胡散臭いといって自分のベストセラー批判本を書きましたが、それはそれとして、平静という点が一番いいというのはなるほどと思えることです。

「このゆえに、人間にとっては人間ほど有益なものはない。あえて言うが、人間が自己の有を維持するためには、すべての人間がすべての点において一致すること、すなわちすべての人間の精神と身体が一緒になってあたかも一精神一身体を構成し、すべての人間がともどもにできるだけ自己の有の維持に努め、すべての人間がともどもにすべての人間に共通な利益を求めること、そうしたこと以上に価値ある何ごとも望みえないのである」（前掲書下巻三四－三五頁）

実際、人類があたかもひとつであるかのように、自らでしゃばらず、卑下せず生きるというのは簡単なことではありません。人間は世俗の欲望に汲々とすることで、生きているわけですから、簡単なことではありません。

スピノザという人の生活は、たいへん質素であったといわれています。ユダヤ人社会を追放される前には、父親の商売を継いでいたので、金に関心がなかったというわけではありません。結構儲け仕事に手を出してもいたのでしょう。しかし、破門されて以後は質素な生活、そして名声もあまり求めなかったようです。こうした人物だからこんなことがいえるのかもしれません。

至福に至る道

スピノザの論理はこうです。彼は現世の欲望を否定しているのではありません。むしろ現世の欲望をもつことは悪いことではないし、それはむしろ本性であるといっています。ただし、それは神が期待した人間であるわけではないというのです。それは後から気づくことで、最初は気づかないことだといえるのです。だから人間が、当面現世の喜びを満足させることに奔走することは悪いことではないのです。しかし、それは人間にとって最終的な目的ではないわけです。

「何びとも、生存し行動しかつ生活すること、言いかえれば現実に存在すること、を欲することなしには幸福に生存し善く行動しかつ善く生活することを欲することができない」（前掲書下巻三八頁）

あるものの世俗の欲望が肥大化すれば、それはほかのものの欲望を制限する。あるものの喜びは、他のものの悲しみとなる。自分の利益をえることは、結果的に他人の利益のために生きることでもあるということです。それはアダム・スミスのように予定調和的[43]にそうなるのではないことに注意しなければなりません。むしろ人間社会を調和ある形に積極的にすることが、求められているのです。それが共通の善という発想です。誰にとっても喜びとなるものそれが共通の善である。

「ゆえに徳に従うおのおのの人は自己のために欲求する善を他の人々のためにも欲するであろう。（…）精神の本質が含む神の認識がより大なるに従って、徳に従う人が自分のために欲求する善を同時に他人のためにも欲する欲望もまたそれだけ大であるであろう」（前掲書下巻五四－五五頁）

確かに共通善がなければ社会は大混乱となります。放っておいてもうまくいくというのは、奇跡にちかい。近代社会は、まさにこれとは逆に自由放任主義[44]という発想を楽観的に解釈して、社会を規制する力をなるべく小さくしようとしていますが、スピノザはそう考えません。

国家の成立

個々人の喜びが、個々勝手な喜びになり、お互いを苦しめないような世界をつくるためには、共通の善が必要になってくるわけですが、それはどうやって可能かという問題が、次に課題となります。社会が国家をなぜ形成するのかという問題とそれは結びついているのです。

「それゆえ人間が和合的に生活しかつ相互に援助なしうるためには、彼らが自己の自然権を断念して、他人の害悪となりうるような何ごともなさないであろうという保証をたがいに与えることが必要である。(…) そこでこの法則に従って社会は確立されうるのであるが、それには社会自身が各人の有する復讐する権利および善悪を判断する権利を自らに要求し、これによって社会自身が共通の生活様式の規定や法律の制定に対する実権を握るようにし、しかもその法律を、感情を抑制しえない理性（この部の定理一七の備考により）によってではなく、刑罰の威嚇《いかく》によって確保するようにしなければならぬ。さて法律および自己保存の力によって確立されたこの社会を国家と呼び、国家の権能によって保護される者を国民と名づけるのである」（前掲書下巻五九–六〇頁）

ここで、社会を制御する国家という思想が出てきます。近代市民社会が国家権力、すなわち絶対王政と闘ったという論点からみるとき、スピノザのこうした国家の導出はいささか奇異な感じがあります。ましてスピノザは、アムステルダムの商人たちの思想を受け、オランダ国王オラニエ家[45]と国王の権力と闘う闘士だったのですから、国家権力を導出すること自体おかしいではないかという議論が出てくるでしょう。

しかし、よくその国家について見てみると、ここでいう国家とはコモンウェルス（共同体）という概念であることがわかります。国王の領地として支配された国家ではなく、社会が共通善を求めて集まった共同体、この二つの国家には明確な違いがあります。もちろん、近代国家（state）とこうした共同体（commonwealth）はときにクロスしています。

イタリアの思想家アントニオ・ネグリ[46]は、こうした国家は現実には存在していない国家であり、本来ありうべき国家であると指摘しています。だからスピノザのいう国家とは、既存の国家——ここではオランダのユトレヒト同盟[47]以後オラニエ家の支配によって生まれた国家——を破壊して生まれる国家であるということになります。「破壊的スピノザ」というい方をネグリがするのは、まさにスピノザの国家が既存の国家を破壊する力をもっているからです。

ありうべき国家として、ありうべき共同体としてこの国家を考えれば、国家は神の定めた運命にしたがったものになり、それは理性に導かれるものになるというのです。

「理性に導かれる人間は、自己自身にのみ服従する孤独においてよりも、共同の決定に従って生活する国家においていっそう自由である。

証明　理性に導かれる人間は恐怖によって服従に導かれることがない（この部の定理六三により）。むしろ彼は、理性の指図に従って自己の有を維持しようと努める限りにおいて、共同の生活および共同の利益を考慮し（この部の定理三七により）、したがってまた（この部の定理三七の備考二で示したように）国家の共同の決定に従って生活することを欲するのである。ゆえに理性に導かれる人間は、より自由に生活するために、国家の共通の法律を守ることを欲する」（前掲書下巻一〇二頁）

理性に導かれる国家は、恐怖に導かれる国家と違って服従しているのではないということです。モンテスキューが専制政治の基本理念として出してくる恐怖という概念の対極にあるのがこの国家です。モンテスキューは江戸時代の日本を分析してこういっています。日本のように恐怖による支配を行っている国では、つねに罪を重くする必要があると。なぜなら、罪を重くすることで専制政治の恐怖を人民に教え、それによって支配を完成させるからです。

確かに江戸時代の罪は重かったのですが、モンテスキュー[48]はいいところを見ています。モンテスキューは、恐怖が支配する専制政に対して、君主政は名誉、貴族政は節度、民主政は徳が支配すると述べています。

さてここで喜びにもどりましょう。喜びというものは人間をよく構成し、悲しみは人間をあしく構成するといいましたが、いずれも絶対的にそうだというわけではないということです。希望も、ときには猜疑心に変わる。それは状況や偶然によって左右されるというのです。

ですから、こうした偶然をどう調整するかが重要になってきます。愛が嫉妬に変わるなどしばしばあることです。しかしそれはいたしかたない。そこで、それをどう調整するかということで、共同体（国家）の共通善にしたがうようにすればいい。その共通善とは理性で、理性こそ神が与えてくれた真理ということになります。神は人間に理性を与えたのですが、人間の方はそれをなかなか理解できない。そこで、喜びという形で理解するようにしている。しかしそれでもたいていの場合、喜びを誤解することで高慢などの間違いを犯してしまう。

スピノザは『知性改善論』[49]で真理にいたる方法としてこんなことをいっています。第一は直感に頼る方法。しかしこれは間違いが多い。つぎに理性に頼る方法。しかし、これだと現実から離れすぎてしまう。第三の方法は、直感と理性が一致する方法。これは直観とでもいうべきものでしょうか。第三の方法こそ正しい認識ができる方法だというのです。

例として考えれば、思いつきはやはりまちがっている。しかし、頭でっかちに理論的に考えただけでは、現実性がない。そこで、思いつきと理念を整合させてみる。現実に存在するがゆえに真実があるというスピノザの真骨頂がそこにあります。

「神は本来的な意味では何びとも愛さずまた何びとも憎まない。なぜなら、神は（前定理により）いかなる喜びあるいは悲しみの感情にも動かされず、したがって神は（感情の定義六および七により）何びとをも愛さずまた何びとをも憎まないのである」（前掲書下巻一一五頁）

神はわれわれを憎みも、愛しもしないことで完全中立の立場であるので、共通善とはそうした神のような中立の愛をもつことでもあります。とはいっても、物欲におぼれる人間にとって、中立など難しいことも真実です。ですから、愛は憎しみと一緒に存在します。愛だけが存在する場合とは、憎しみに変容することのない神への愛だけだということになります。第四章でアウグスティヌスの愛について考えますが、スピノザの愛も神への愛しかないということになります。人間がもっとも幸せに希望をもって生きられるのは神への愛をもつことだということです。

「以上によって我々の幸福あるいは至福または自由が何に存するかを我々は明瞭に理解する。すなわちそれは神に対する恒常・永遠の愛に、あるいは人間に対する神の愛に存するのである」（前掲書下巻一五六―一五七頁）

結論はいたって簡単なのですが、その簡単な結論を素直に受け入れ実現させるのは簡単ではありません。快楽の抑制などは余計なお世話であるという批判が当然出てきます。至福のときを得るために快楽を抑制することなどおかしいではないか、すなわち禁欲主義への批判が出て来ます。しかし、スピノザの議論は禁欲主義ではありません。快楽の禁止が至福のときだとはいってないからです。むしろ至福を追い求めれば、おのずと快楽を抑制できるというのですから。

「至福は徳の報酬ではなくて徳それ自身である。そして我々は快楽を抑制するがゆえに至福を享受するのではなくて、反対に、至福を享受するがゆえに快楽を抑制しうるのである」（前掲書下巻一六五頁）

お見事というしかない議論ですが、そうした境地に人間が立てるのかといった問題に対して、スピノザは楽観的ではありません。むしろ現実的です。神の意図を実現させることがこうした境地に立てる方法ですが、しかしいままでこんな境地に立てた人間が少ないことも確かだといって、末尾をこんな言葉で括っています。

「たしかに、すべて高貴なものは稀であるとともに困難である」（前掲書下巻一六七頁）

第三章

重みに堪えること

ヴェイユ『重力と恩寵』

シモーヌ・ヴェイユ

Simone Weil 1909-1943

フランスの哲学者。
主著に『労働と人生についての省察』『神を待ちのぞむ』
『重力と恩寵』『超自然的認識』など。

重力

生きることのつらさ、重さ、これは誰にもあることです。重さは人をどんどん下に落としていくので、けっしていいことではないのですが、これに抗うことは簡単ではない。シモーヌ・ヴェイユというフランスの女性哲学者は『重力と恩寵』という興味深い本を書いています。

そこで彼女は気高い動機と、そうではない動機をあげ、人間は動機が高いとそれを維持する苦しみの重さに耐えられないと述べています。むしろ逆ではないかと思うのですが、そうではないのです。ひとつの例をもってきています。

「同じ苦痛を堪え忍ぶのにも、低い動機からそうするよりも、高い動機からそうする方がはるかにむずかしいということが真実ならば（一個の卵を手に入れるためとあれば、午前一時から八時までじっと動かず立ったままでいられた人たちも、ひとりの人命を救うためとなれば、なかなかそんなことはできなかったであろう）、さまざまな点からみて、おそらく低い徳の方が高い徳よりも、種々の困苦、誘惑、不幸の試練によく堪えることだろう。（…）これは、一般に低いものの方に力がかかるという法則の、ひとつの特殊例である。重力

は、いわばその象徴だ」（シモーヌ・ヴェイユ『重力と恩寵』田辺保訳、ちくま学芸文庫、一〇一―一二頁）

なるほど、食べ物のためとあらば、人は何も大した苦痛も感じない。ずっと待つことは大変ですが、食べ物のためなら仕方がない。しかし、芸術や学問のために努力するなどというのは簡単ではない。学生に二〇〇〇円くらいの教科書を買わせると、すぐに「先生それは高い」といってくるのですが、その学生たちはそれが酒であったら、二〇〇〇円くらい平気で使います。学術的書物を買うということは、受験参考書など実用的な書物を買うのとちがって、確かに動機が高いといえます。だからそのために本を買うのは無駄にみえる。動機の高いことは簡単にできるものではありません。しかし酒を飲むことは誰にもできる。だから誰にでもできる楽な方へ流れるわけです。

もちろん動機が低いことへ流れろということではありません。しかし、よく考えれば動機の低さは、いわばわれわれの自然な状態に近いといえるわけです。たとえば、歩くのに動機が高くなければ歩けないとすると、歩くことなど不可能です。歩くことにそんなに高い動機はいらないから歩ける。もちろん、足が悪くなると、歩くことにも動機と努力が必要です。それはよほどの動機付けがないかぎり、足をくじいたりすると歩くことでさえしたくない。それはそうです。

学ぶことはなるほど動機が高いことだと思います。何十年も学生と接してきた経験からいって、勉強させるための方法として、未来の可能性や、知性のもつ力などをどんなに熱情的に語ってみても、それで乗せられて勉強し始める学生などめったにいません。だから昔から、教師は宿題と罰といったお決まりの方法で叱咤激励したわけです。そうでもしないと、全員に勉強させることなどできないのです。

学問の尊さなどをどんなに力説しても、就職に結びつく制度化された学問以外に学ぶものなどほとんどいないというわけです。私の専門はマルクスですが、かつてはマルクス経済学[51]はそれなりに文部省に認可された制度化された学問であり、日本の大学の経済学部にはたいていマルクス経済学の講座がありました。それがいまはどんどんなくなっています。そうするとあえてこんな学問をしたいというものはいない。もちろんそうした学問に意味があるかどうかということは、それとはまったく無関係です。確かにそんなものをあえて学ぶものがいないのは、自然なことかもしれません。就職で有利になるという動機付けがなければ、そんな学問をやろうとは思いません。確かに動機付けには重力の負荷がかかる。就職はどうするのだとか、いろんな負荷がかかるわけです。

人間にとって動機が低くてもできることは、生きるための労働です。これはけっして楽ではないのですが、これをしないと生きていけないから、やらざるをえない。それからすると学問や芸術などというものは生きることからはあまりにも遠い。

人類の歴史を考えてみても、生産力の低い時代には学問や芸術は進んでなかったといえます。要するに社会の生産の余剰がすくなく、知的な職業に携わることができなかったわけです。結局学問や芸術などは、ある程度の生産力の増大を必要とするわけです。ですから、第一の欲求である胃の腑の欲望が充足されることが必要です。

ヴェイユは、人間を創造した神についてこんなことをいっています。神は人間を積極的に創ったのではなく、ある意味なげやりに創ったのだと。だから人間は最初から堕落した、だめな存在として出現したというのです。神という完全な存在がなした仕事なのですから、その作品たる人間は完璧であるはずなのですが、そうではなくむしろ欠陥だらけの存在だというのです。まあ自らの不完全さを認識するものにとっては、ほっとするいい方ではあるのですが、不謹慎とも捉えられかねない表現です。しかし、ちゃんと「創世記」の冒頭で、アダムとイヴは原罪を犯すのですから、こう述べたからといってもおかしくはない。不謹慎にはあたらないでしょう。やはり人間は不完全といえば不完全だったわけです。

人間は最初から不完全な存在であり、最初から罪をもった存在として創造されたと考えてみましょう。戯れに神は人間を創った。だから最初から人間には欠陥があった。それが人間の罪であったというわけです。神はこの不肖の子供である人間を創ったがゆえに、その罪をはじめから許した。その許しこそ恩寵《おんちょう》（ごほうび）です。人間が重力の重みにしたがって落ちていくのは、けっして恥ずかしいことではありません。生きるための必死な生き方に対して、餓鬼道などという蔑視をすることなかれ。これは立派な神の道だというのです。

重力の重みにしたがって崇高なことができないのは、むしろ当たり前のことなのです。だから逆にいえば、この重力の重みに対してあえて戦いを挑み、それを乗り越えることもいいが、その重荷に押しつぶされていくことも神の理念にかなっている。そうでないと神はわれわれに許しを与えるチャンスがない。つまりいい子には指導の余地がないが、悪い子には指導の余地があるということです。

もちろん押しつぶされていくことばかりであれば、救いがありません。そこで穢れた身体が消滅した死後の世界に晴れて救いがあるということになるのですが、そうなるといささか厳しい宗教観が出てくるので、ここらでこの話はやめましょう。

矛盾と対立

生きているとさまざまな矛盾に遭遇し、気にやみます。若いころは誰でも人生の中に純粋な生き方を求めるものです。何か人生が春の目覚めのように、暖かさと可能性を秘めているように見える。だからこそ人間は生きていけるのですが、しかしこうした純粋な生き方は、さまざまな矛盾によってかき消されていきます。

「本質と現象」、なにやら難しい言葉ですが、若いうちは誰もこんな言葉を投げつけてみたくなるものです。現実に存在するものは陽炎《かげろう》のような虚偽であり、その背後に真実となる本質があるものだと考えたくなるのです。ラッキョウの皮をむくように、本質を求めようと皮をむいてもむいても、芯である本質は出てこない。ラッキョウの皮だけでなく、科学者がやっている宇宙の果てを探ろうとする努力や、物質を構成する最小単位を求めようとすることも、それと同じで、永遠に終わりのない作業となります。

純愛という、もはや今では死語になった感のある言葉がかつてはありました。純愛とはいわばアルコール度数一〇〇パーセントのお酒と同じで、うまくも何ともないものです。しかし、純粋なもの、本質的なものだけで存在する愛は、完全だと見えることも確かです。マンデヴィル[52]という一八世紀のイギリスの思想家が、『蜂の寓話』という書物を書いています。そこですべてが善である蜂の国の寓話が書かれています。

全員が善である蜂の国の話です。善なる国とは純愛に満ちた国だということになるのですが、そうした世界ではことがうまく運ばない。それはそうでしょう。たとえばそこで誰か怪我をしたとしましょう。みんな仕事も忘れてその人を救おうとすれば、社会の機能はそこで完全にストップします。冷たいいい方ですが、ある意味一人をのぞいて他のものは見捨てるべきなのです。そうすることが遠回りですが結果としては社会の善につながる。これが社会的分業というものです。

マンデヴィルは、やがてスミスにつながる、「自由放任」思想の基礎を担っているといえます。つまり、社会は善であるよりも、悪（ここでは利己心ですが）であったほうがうまくいく。それぞれが利己心に励むことで社会は結果としてはうまくいく。資本主義はこうした予定調和（結果としてはうまくいく）という思想によって成り立っているのですが、理想的社会をつくったからといってそれだけでその社会がうまくいくわけではない。社会の現実から見て、利己的で傲慢な人間がいることは間違いないのですから、彼らの人格の陶冶を目指すよりは、彼らの利己心を刺激して、それを社会のために役立て、結果としてうまくいくようにするほうがいい、と考えるほうが楽であるわけです。

しかし、若いときにはこうした考えには抵抗感がある。それでは現状をただ認めるだけであり、正しい社会という理想主義が否定されるではないかと考えるのです。なるほどそうです。もっと理想を高くもち、それに向かって進みたい。誰もがそう思います。

しかし、不完全な人間の存在を含めて、自然が不完全に創られているのだとすれば、それは不可能なことで、自然は不完全で矛盾だらけであるともいえます。丸いものを四角の箱にいれると、どこかに空間ができる。自然が最初から四角いものだけをつくっているとすべてがうまく入るのですが、そうなっていない。もっとも四角い地球を考えるとぞっとしますが。理論ですべてを説明するのもこれと似ていて、どうしても説明できなくなるところが出てくる。「帯に短し襷《たすき》に長し」とはよくいったもので、不完全である。私も長い間理論研究をやってきて、たどり着いた結論は、丸いものを四角い箱に隙間なく入れることはできないということ、つまり理論ですべてを説明することはできないということです。

スピノザはいいことをいっています。キマイラ（幻想＝嘘）は、存在しないものをいうと。四角も丸も現実に存在している。だからそれらはキマイラではない。存在することが重要だというわけです。存在しているものが真実である。どんな形の悪いものでも、存在していることに真実がある。理論的にいえば、真実は現実には存在しないかもしれないのですが、それゆえ形としては綺麗なのです。綺麗なキノコには要注意！　綺麗なものには毒がある。すなわち、嘘があるわけです。存在するものはきたなく、矛盾だらけである。この矛盾を飲み干せというわけです。

ヴェイユは次のように述べています。

「わたしたちの生は、不可能であり、不条理である。わたしたちがねがい求めるものはどれをとっても、それぞれと関連した条件や結果と矛盾するし、わたしたちが提案する命題は、どれをとっても反対の命題を含んでおり、わたしたちの感情にはすべて、その反対の感情が入りまじっている。というのは、わたしたちが被造物であって神であり、しかも神とは限りなくことなる者であって、ただ矛盾そのものだからである。

わたしたちがすべてではないという証拠は、矛盾ひとつとってみても明らかである。矛盾は、わたしたちの悲惨であり、わたしたちの悲惨を感じとることが、実在を感じとることになる。なぜなら、この悲惨は、わたしたちがつくり出したものではないからだ。それは、真実なものである。だからこそ、それを何より大事にしなければならない。残りのものは全部、想像上のものにすぎない」（前掲書一六一頁）

ヴェイユは矛盾といわず、それを真実といえといっています。悔やんでもしようのない不運も、それを真実だと理解したほうがいい。こうした考えは、いささか悲観的すぎるのですが、悲観的なのは彼女の考え方ではありません、むしろ次の点にあります。矛盾が真実であり、完璧さが嘘だとすれば、完璧さを求めることは不幸につながるという点です。

そこで完璧さを求めすぎる思想として彼女はマルクス主義[53]を挙げ、それを批判します。

ヴェイユもずいぶんマルクス主義にかぶれていたのですが、この一点で彼女はマルクス主義から離れます。

「ピュタゴラス[54]の思想。善とは、いつも、相反するものの一致と定義してよい。ある一つの悪の反対のものをさかんにもち上げる場合には、この悪のレベルにとどまっている。（…）マルクス主義の弁証法は、この迷いの、はなはだしく堕落し、まったくゆがみきった一つの見解にすぎない。

相反するものの一致のよくない場合。マルクス主義のおかげで伸びてきた労働者の帝国主義。解放されたばかりの奴隷の横柄さについてはラテン語のことわざがある。横柄さと奴隷根性とは、仲よくそろってひどくなって行く。まじめなアナーキスト[55]たちは、相反するものの一致の原則を霧のかなたにおぼろにのぞみ見て、被抑圧者に権力を与えれば、悪を破壊しうると信じた。不可能な夢」（前掲書一七〇頁）

私は若いころからマルクスにかぶれていましたが、よく親からいわれたものです。「こんなのは理想だ」と。若い私は、親に歯向かったものです。「理想で何が悪い」と。あれから四〇年以上がたち、親のいうことも少しは理解できるようにはなっています。もちろん、マルクスを辞める気はまったくありませんが。

「世に盗人の種は尽きまじ」という言葉があるように、悪を退治することが困難なことは、四角い箱を丸いもので隙間なく埋め尽くすというのに似ています。

マルクス自身も、こんなことをいっています。それは功利主義者による犯罪者の撲滅計画を揶揄したときのことなのですが、功利主義者はこう主張するといいます。世の中をよくするには一番悪いやつを処分すればいいと。しかし、一番悪いやつが処分されると、二番目に悪いやつが一番悪いやつになり、つぎにそれも処分すると三番目に悪いやつが一番悪いやつになり、結局悪いやつは永遠に存在し続けるということになるとマルクスは批判します。まあヴェイユが批判しているのは、マルクス主義であり、マルクスではないので、これ以上反批判はいたしません。

ここでヴィーコ[56]というイタリアのナポリの思想家の話をします。彼は、この世には真実と真実らしいものがあるといいます。学者は真実だけを求めるが、世間では真実らしいものを信じている。そこで、学者は真実を真実らしいものにする必要がある。それこそ、ヴィーコが教えている修辞学の分野になるのですが、真実を一般の人に説明する能力、すなわち才能が必要であるというのです。マルクスもヴィーコを読んでいます。マルクスのいう弁証法や唯物論は、直線的で機械的なものではなく、血と肉のついた真実らしく見える説得力を含んだ厚みのあるものです。ヴェイユが批判しているのは、それを機械的な方法論、すなわち無機的な「真実」にしてしまった人々の思想でしょう。

真空

苦しいこと、辛いことがあると、それを誰かに転嫁したいと思うことがあります。悲しい気持ちで町を歩いていると、誰も彼もがうらやましくなる。ゼロサムゲーム（差し引きゼロ、一方が良ければ他方が悪くなるという考え）ということが、感情の問題に入るとすれば、「私が不幸なのは、誰かが幸福だから」ということになります。だからそんな幸福なやつをのろってやりたいと考えます。

ヴェイユは生まれつき頭痛の病をもっていて、つねにそれを他人に転嫁したいと思っていたといいます。それは人間としての率直な考えでしょう。

しかし感情はゼロサムゲームではありません。この世に一定の幸福と不幸があって、それは減りも増えもしないとすれば、早い者勝ちで幸福をとったものが勝ちとなります。なるほど、賭け事や投資はそうです。カモから金を巻き上げるとすれば、カモは巻き上げた人間を恨むしかない。しかし、幸福や不幸というのはそんなものではありません。まわり全体が落ち込むこともありますし、まわり全体が幸福になることもあります。

ゼロサムゲームのように運営されている現代の学校教育は、その意味では不幸かもしれません。一番から四〇番までクラスで成績がつきます。これは相対的で絶対的なものではありません。上から一〇番までが合格だとすると、彼らの順番を抜かない限り、自分は合格にはならない。絶対的評価にすると、四〇人全員がある基準点をクリアすれば全員合格となります。しかし、わが国の教育はそうなっていません。どうしても順位をつけたがります。だから学校に行くのは辛いことです。

私は子供のころから親の転勤で学校をいくつも変わりました。そのとき気づいたのですが、学力は県や市によってまちまちだということです。だから、学力の低いところから高いところに移ると地獄が待っています(逆の場合は天国ですが)。だから学校というものが嫌いでした。しかし、人間の幸不幸は、そうしたゼロサムゲームではないのです。ヴェイユはこう語ります。

「ゆるすこと。そんなことはできない。だれかがわたしたちに害を加えたとき、わたしたちの中にはさまざまな反応が生じる。復讐したいというねがいは、何より本質的な均衡回復へのねがいである。こういう次元とはちがった次元で均衡を求めること。自分ひ

とりで、この極限にまで行きつかねばならない。そこで、真空に接するのだ」（前掲書一七頁）

真空という言葉が出てきます。まさにゼロ状態を意味する言葉ですが、科学においてもこの世界に真空という状態が存在するのかどうか、大きな問題です。何もない空間といっても、ものがないだけで何かがあるというのがわれわれの世界でいう真空です。空気を抜けば真空などというのは、矛盾する話ですが、何もない状態を考えるというのは実は骨のおれることです。だってそこに空気以外の何かがあるのだと考えたくなりますから。

相手を憎まず、自分の問題としてそれを受け止め、自分で克服せよということですが、言うは易し、行なうは難し。だからつねに誰かを求め、自らにかかった重みを分かち合うか、相手にすべて与えることでその苦しみから逃れようとします。しかし実際には、不幸が広まるばかりで、不幸自体は減らない。トランプのババ抜きのようにはいかないわけです。

そこでどうやったら真空を求められるか。

「自分自身の中に真空を受け入れることとは、超自然的なことである。報いられることのない行為をするためのエネルギーは、どこで見つければいいのか。エネルギーは、どこか別のところからやってこなければならない。だが、しかし、そのまえに、すべてをもぎ取られることが必要である。何かしら絶望的なことが生じなければならない。まず、真空がつくりだされねばならない。真空、暗い夜」（前掲書二五頁）

「真理を愛することは、真空を持ち堪えること、その結果として死を受け入れることを意味する。真理は、死の側にある」（前掲書二六頁）

真空に耐えられるひとはそうはいません。先ほどの重力のことを考えても、人間は自分に与えられた重さを他人に転嫁したいと思う。何とか自分の苦しみはそれで終わりにしたい。しかし、あえてその重さに耐えろというのですから、たまったものではありません。この耐えるエネルギーは、自分の体を鞭打つようなもので、痛さは自分に返ってくる。ある意味無駄なエネルギーです。しかしここまで来るには、もうどうしようもないところまでいく覚悟がいります。理性や利益で考えれば、こうしたエネルギーは生まれないというわけです。もうどうしようもないところまでいったときに、不思議に生まれる力、それが真空ですが、それを理解するには、死を受け入れるしかないというのですから、問題は深刻です。まさに生の世界に対する最大の楔《くさび》である死は、生を一挙に変える力をもつものですが、それには覚悟がいる。それは真の覚悟というものです。

死とは身体を捨てることを意味します。だから身体にとらわれているかぎりには、人間に真理などない。金のために嘘をいったり、人を裏切ったりするのは、まさに肉体の欲望を金が充足してくれるからです。身体がなかったならば、断固嘘も、裏切りもない。なるほどそうです。

ヴェイユは、神は絶望的な人間しか愛さないといいます。絶望なく神を愛している人間は、神にとりいって何かたくらんでいる人間である。だから、神を愛するためには肉体の欲望をすべて捨てよというのです。

ある意味これはいいえて妙だと思えます。かつて一九六〇年代後半高倉健の出るやくざ映画が学生の心を捉えていました。それは、彼の中に命を賭して義理に生きる人間を、自らが参加している学生運動に模していたからですが、思想が身体の欲望から脱出したとき、初めて真の思想となる。それは間違いないのですが、尋常の人間がそんな気になれないのも確かで、重すぎるといえば重すぎます。

すべてを捨てきる先にしか真空がないのは、神がそもそもわれわれにそっぽを向いていて、人間を放っておいて堕落、すなわち餓鬼道に陥るようにしているからです。重力の重みにつぶされることは、堕落することでもあります。しかし堕落が人間の常であることも確かです。だからその堕落を捨てるには死を覚悟するしかない。

しかし、修験者でもないかぎりそうした境地には達し得ないのです。私はここにヴェイユが原始キリスト教的な世界へとどんどん進んでいく状況が見えます。現在あるようなキリスト教では、むしろ人々はイエス・キリストという受苦者を媒介にして、自らはその苦しみを避けることができるはずです。自分の代わりにイエスが苦しむことで、人々は救われる。しかし、本来のキリスト教はそうではなかった。むしろイエスと同等に苦しむことで救われたわけです。しかしこうした苦しみを共有するキリスト教では、多くの人々にそれが広がるわけがない。なぜなら、宗教にすがりつくものは、その精神に共鳴し、苦難に耐えうる修験者だけではありません。世俗の信徒は救済だけを欲します。そうすれば、救済宗教の側面を出したほうが信徒は増えます。グノーシス派[57]的なキリスト教は、死の世界を普通の信徒に近づけさせることで、そうした信仰に一般の人々が帰依することを躊躇《ちゅうちょ》させてしまいます。

ヴェイユの次の言葉は、普通の人々にとっては重すぎてつぶれてしまいそうなものです。

「愛は、わたしたちの悲惨のしるしである。神は、自分をしか愛することができない。わたしたちは、他のものをしか愛することができない」（前掲書一〇六頁）

ヴェイユの前提では、神は不肖の子供をこの世界に送ったことで、不肖であるがゆえに恩寵を与えることができたわけです。苦しまない限り愛という恩恵にあずかることができない人間の愛は、悲惨のきわみにある。悲しいときにしか愛は与えられないというのですから。

神はすべてを愛してくれているというのが、普通の言葉ですが、ここでは神は神自身のことしか愛さないというのですから、不思議です。神が人間を不完全で、不幸につくったのであれば、人間を愛することは自分を愛することになります。人間が幸福であることなど神にとって知ったことではない。だから神は人間を愛するのではなく、神自らの試みだけを愛しているのであると。厳しいようですが、これはなるほどとしかいえません。神がわれわれに愛をもったとすれば、われわれに死を与えることがなくなります。愛と幸福だけだとすれば、神のことを忘れてしまい、すべてが上の空になってしまうでしょう。だから、神はあえて自分しか愛さないのです。だから宇宙は人間と関わりなく動いていくのです。

それに比べ、われわれは自分を愛することができない。こういうと逆ではないかと思われるでしょう。自分を愛さないものなどいないと。しかし、われわれが愛しているのは、自分ではなく自分の身体であることも間違いありません。自分の身体を着飾りたいというのは自分を愛しているのではなく、身体を愛していることになります。

それに比べ、他人に関しては、素直に身体を超えて愛することができる。他人の身体は自分のものにはならないので、他人がどんなにおいしいものを食べても、自分の身体の喜びにはならないはずです。それでもなぜ他人の喜びがうれしいかといえば、愛するものが食べている姿が自分の精神に響くからです。神は身体をもたないがゆえに、自分を愛せるのですが、人間は身体をもつがゆえに自分を愛せない。他人しか愛せないのです。愛は、物的欲望を超えたものであり、それは身体を寄せ付けないものだからです。

自分は食べないで子供たちに食べさせている親をみるとき、ふっと悲しさを超えた美しさを感じますが、それは、空腹である自分のことよりも、なんとか愛するものに食事を与えられた親の満足感が心を打つからかもしれません。

昔映画の中で、貧しい家庭の親が子供たちになけなしの金でご馳走を食べさせるシーンがありました。私はそれを見てとても悲しいシーンだと思っていましたが、少し視点を変えてみると、それは心温まるシーンだったのかもしれません。食えないことは悲しみですが、そこには別の意味での人間の温かみがある。それは一九世紀のフランスの歴史家ミシュレ[58]が『民衆』という作品の中で、貧しかった子供のころを回想しながら、暖炉のぬくもりのある部屋で一人で食べる豊かな食事よりも、寒いが、にぎやかに親と子供たちが一緒に食べる食事の方がどれほど温かったことだろうと書いていますが、まさにそれかもしれません。もちろん物的豊かさがあるから、そうしたことが考えられるのだということも忘れてはいけませんが。

希望と想像力

身体を捨て、精神にのみ生きるヴェイユの描く世界は、とても常人には真似のできない、苦しい世界かもしれません。しかし、苦痛を追い続けた人間が、この世を憎まず、この世を非難せず、またこの世を破壊することもなく、この世から去ることができるとしたら、彼女のような生き方しか選択肢はないのかもしれません。

何かにすがるのでもなく、何かを非難するのでもなく、生き抜く力、それにはすべてのものに一定の距離をたもつことしかない。これはしかしとてもさびしいことでもあります。

「どうしようもない必然、貧困、窮迫、押しつぶすばかりに重く迫る欠乏と極度の疲労をさそいだす労働、残酷さ、迫害、非業《ひごう》の死、強制、恐怖、病苦など――これらはみな、神の愛である。神は、わたしたちを愛するからこそ、わたしたちが神を愛することができるようにと、わたしたちから遠くへしりぞくのである。いったい、もしわたしたちが空間や時間や物質に保護されることなく、じかに神の愛の照射にさらされるとしたら、陽にさらされた水のように蒸発してしまうであろう。(…)必然は、わたしたちが存在できるようにと、神とわたしたちとのあいだにはられた幕である。わたしたちは、存在するのをやめるために、この幕をつき破らねばならない」(前掲書六〇頁)

偉大なものがあまり近くにあると、その力で人は燃え尽きてしまう。偉大な太陽を裸眼で見ることができるものはいない。でも誰でも太陽が何であるかは知っている。太陽を直接見ないで見る、神とわれわれとの距離はそんなものであるというのですが、太陽の光の恵みも、近すぎればすべて損なわれる。偉大な者との間には、何かおおわれたヴェールがあるとしかいいようがない。しかし、死というものに到達するときには、この幕はなくなる。直接神と合一化するというわけです。

この世においては、人間は節度ある希望しか抱いてはならないということになります。かなわぬ愛、かなわぬ名誉、そんなものをもとうとして、かなわないのなら、じっとこらえるしかない。

「限界を認め、限界をじっと見つめて、その苦々しさを味わいつくす方がましである」

（前掲書一六三頁）

希望をもち、それにこだわりすぎると、あれやこれやと、自らの不幸を嘆く非難じみた言葉が出てきます。そして、それは他人への憎しみや嫉妬となって、自らを苛みます。想像力というものがそれです。ヴェイユは、想像力は悪魔であるサタン[59]が与えたものだという言い方をしますが、想像力は豊かな心だけでなく、憎しみや嫉妬を生み出す。それは代償を求める傾向があるというわけです。誰かを非難してもはじまらない、悪いのは自分だといい聞かせようとしても、突然想像力の悪魔が微笑む。疑心暗鬼という魔物がわれわれを苦しめるわけです。

できるだけそっと心のうちに秘め、苦しみを乗り越えねばならないのに、サタンが囁く。そして真空が汚される。

「どんな状況においても、充たすものとしての想像力を働かせないでおくと、真空ができる。（…）真空を充たすものとしての想像力が働きだすのを、自分の内部でいつも一時中断すること。どんな真空でもいい、受け入れるならば、どんな運命の一撃におそわれても、宇宙を愛するのをやめることはあるまい」（前掲書三七頁）

愛を貫くには、想像力を中断すること、ギリシア哲学でいう一種のアポケー[60]です。中断することですべてを一時切り捨てること、一種の断絶を図ることです。そうするとすべてが私を陥れたのではなく、私自身が自らをこうしてしまったのだということが納得される。邪推を避けよということですが、実際にはこれは簡単なことではありません。

ヴェイユは何を語りたかったのか

彼女は若くして亡くなります。彼女が残したものは、ほとんどが断片ですが、不思議な魅力に包まれています。書かれたものだけではありません。彼女の行動、パリ高等師範学校[61]を卒業すると、地方のリセに就職しますが、そこで組合活動を行ったり、工場労働者となったりという破天荒な行動をします。そのたびごとに転勤を命じられ、やがてアメリカに亡命しますが、再度イギリスに帰ってきて、フランス解放のための作戦に参加したいなどともいっていました。しかし終戦前に亡くなっています。

身体がまさに存在しないかのように働き、行動したヴェイユは、夭折をすでに自覚していたのでしょうか。ぎりぎりまでに身体を切り刻み、精神の領域を高めること、それが彼女の行動ですが、それは普通の人にできることではありません。だからどれほどの労働者が、彼女がいわんとしていたことを理解したかどうか疑問です。普通の労働者は、食べるために働いている。それは彼女がいうように高尚なものではないのです。まさに重力の重みの中に知らぬままにのた打ち回っている。彼女はそこに美しさを見ていますが、おそらく彼女の同僚である労働者は彼女のそんな言葉を理解などしなかったでしょう。

しかし、知識人であり、エリートであった彼女の火遊び的な行動は、まったく無駄だったかというとそうでもありません。その行動が目指したところは、まさに葛藤であり、知識人のように理論や理念ですべてを整理整頓できる人間と、矛盾の中でしたたかに生きている人間との間の壁を打ち砕き、そこに、清濁あわせもつ世界を見つけようとしたことかもしれません。それこそ真実らしく見えるものを求めたといえるかもしれません。

第四章

愛をもつこと

アーレント
『アウグスティヌスの愛の概念』

ハンナ・アーレント
Hannah Arendt 1906-1975

ドイツの哲学者。
主著に『イエルサレムのアイヒマン』『全体主義の起原』
『暴力について』『人間の条件』『アウグスティヌスの愛の概念』など。

なぜ物的な愛が生まれるか

この世界に生きるために欠かせないのは、この世界に生きていることを愛すことですが、しかしそこに大きな矛盾が隠されています。この世界を愛すことは大いに結構なことなのですが、それほど愛したこの世界と、いつかは別れねばならないという問題がそこにはつねに潜んでいます。もちろんこの世界ならずとも、人との出会い、場所との出会い、なんでもそうで、いつか別れなければならない運命が待っています。永遠のものなどありえないというわけです。

好きなもの、愛するものとの別れが、その出会いとつねに相携えているというのが世の常であるとすると、そこにはつらい別れが待ち受けているわけです。愛するものを自分のものにしたい。誰もがそう考えます。所有欲というのがそれですが、実は自分の肉体ですら自分のものにできていない。だから、死というものが待ち受けるわけです。死というものは、自分の身体に対する一種の所有の放棄です。自分の肉体を放棄することと同時に、この世のあらゆるものを放棄することです。

どんなに大きな財産をもっていようと、それをあの世にもっていくことはできない。だからこの世にその財産を残していくしかない。時効とは、限りがあることを意味していますが、人間には生きることとの時効がある。そうするとこの世のあらゆるものは、本来期限付きで借りているだけのものということになります。

動物などを見ているとそうなのですが、何かをもつということがない。もちろん縄張りや、家族をもってはいますが、それはかりそめのものにすぎません。物的財産の所有となるとほとんど何もないといってもよい。人間だけが、ある意味でかりそめの財産、土地や財を独り占めにしています。自分の死後も、子供や孫にそれを遺産相続させる。つまり死後でさえ独占しているわけです。

フランス革命の際、私有財産が高らかに人権のひとつとして宣言されますが、私有財産の困ったことは、人間同士を排他的にしてしまうことです。なるほど私有財産を守ることで、人はそのために努力をするかもしれません。しかし、その財産があまりにも大きなものになると、それによって他人との間に壁をつくってしまいます。

プライベイト（private）ということは、もともとある一部を囲い込むことを意味しています。囲い込むということは、他人をそこから排除して独占することですが、そうなるとそこから排除されたものとの間に大きな対立ができてしまいます。人権宣言は自由、平等、友愛を謳いながら、一方でそれを否定する私的所有という概念を導入したわけです。

しかし、この私的所有はマイナスばかりではありません。自分のものと他人のものを分けることで、人間が一方で個人として独立することも意味しています。人間が個人として独立することは、他人との違いを強調することですが、自分は赤い家が好きだ、自分は白い家が好きだという個性が、自分の家をもつことで成立したのです。

個人が成立することで、人間は個人として社会に参加するようになります。だから個人という発想それ自体の中に私的所有という概念が含まれているといっていいかもしれません。封建制のなかでは個人の自由が束縛されていたので、それに対する反動として個人が生まれた。そう考えるとなるほどと頷けますが、しかし、それにしても個人として社会と関係することは、一方で人間を孤独にします。

市民としての社会契約は、個人の自由のなかで行われるのですが、市民が相互に対等な立場で社会を構成していくというのは、まことに立派な理念に思われます。しかし、それはあくまで理念上の話であり、現実にそうなっているわけではありません。財産を多く持つものが当然自分の意見を押し付けますので、市民社会は最初から契約という理念とは別に、財産を持つものによる物的力関係によって成立しているわけです。

物的関係とは、財産の関係です。マルクスは『経済学批判要綱』[62]という書物の中で物的依存関係という言葉を使っていますが、現代社会は物の力に依存するという意味で物的依存関係の社会であるということになります。マルクスは人間社会の歴史を三つに分け、人類の初期を人格的依存関係の社会と考えています。これは人間と人間との関係が、財産によってではなく、人格（身分など）によってつくられる社会です。第二段階がこの物的依存関係の社会で、資本主義社会はそれにあたります。第三段階はそれを乗り越える自由な人間の社会で、それまで人間を縛っていた人格や財産という基準枠がなくなる社会です。

物の所有がすべてを決めるということになれば、誰もが財産を多く持ちたいということになります。生きることは財産をどう独占するかということを意味することになり、この世を愛することは、この世の物を愛することになります。もちろんこの世の物には、物的なものだけではなく、動物や人間なども含みます。そうなると、この世を愛することが、他人や他人のものを所有することにもなりかねないわけです。そこに大きな問題が生まれます。

欲望の愛から、真の愛へ

アウグスティヌスのいた紀元四世紀の時代にも、私有財産はありました。とはいえ、今ほど私有財産への執着が強い時代ではありません。いや、彼の時代にはむしろそうした財産への関心は少なかったかもしれません。しかし、人間が生きるという問題は、自ずと自分が生きるために何を支配しうるかという問題と関係してきます。肉体を持った人間は、それを維持するためになんらかの物を支配せざるをえないわけですから。何かを食べるということは、それを支配することです。

この世に生きることは、何かを食べることであるということになりますが、それがすべてであれば、食べることがすべての目的となります。ほかはそれに付随していることです。本能の赴くままにそれがなされうるならば、愛も信仰も食べることの延長線上にしかないことになります。そうなると愛の信仰も肉体の欲望に従属することになります。しかしそれでいいのかという問題が、人類史に打ち立てられてくるのです。

まさにアウグスティヌスは、こうした問題から出発して信仰や愛の意義を説いた人物ですが、そのアウグスティヌスの愛の概念を分析したのが、若いころのハンナ・アーレント[63]です。彼女の師であったヤスパース[64]はこの論文についてこう語っています。

「彼女は本質的なことを強調するのに向いているが、たんにアウグスティヌスが愛について述べていることをすべて集めたというわけではまったくない。(…)引用にいくつかの誤りが見られる。(…)テキストに対してやや暴力的な方法である。著者は、諸観念についての哲学的作業を通じて、キリスト教の可能性に対して自らの自由を正当化しようとしているが、それでもその可能性は彼女を引きつけている。（…）残念ながら最高評価（cum laude）には値しない」（ジュリア・クリステヴァ[65]『ハンナ・アーレント』松葉祥一他訳、作品社、五〇頁）

なるほど、あの『告白』や『神の国』という書物から、これほど見事に愛の概念について引き出せるアーレントは、並みの才能ではないことをヤスパースも認めています。しかし、この論理はやや乱暴であり、牽強《けんきょう》付会《ふかい》ともいえる。だから博士論文としてはいい点はつけられないというのです。それはそれとして、この博士論文は、非常に興味深い作品であることは間違いありません。

アーレントは、こう愛（amor）を規定します。

「「欲求」、つまり「愛《アモール》」とは、人間が自らの「善きもの」を確保する可能性にほかならない」（ハンナ・アーレント『アウグスティヌスの愛の概念』千葉眞訳、みすず書房、一四頁）

他のものを確保する、すなわち自分のものにすることが愛である。これはこれまで述べてきたように、ほかのものを支配したいという願望です。しかし、その欲望は、それを失うことに対する恐れとして出現してきます。死という断絶が、所有するものをすべて失わせてしまいます。

「恐れの対象は恐れることそれ自体となる。何も失うことがあり得ないところには、恐れなき所有の確かさがある。「愛《アモール》」は、こうした恐れのない状態を追い求めるのである。「欲求」としての「愛《アモール》」は、それが追求するものによって規定される」（前掲書一七頁）

できれば失わないでいたい。そうした失わないものを追い求めることが愛ならば、移ろいゆくものを欲してはだめだということになります。われわれの肉体も、それを維持するものも、ありとあらゆるものが、実は失われないでいることなどありえません。今はもっているが、やがては失う。そうするとそうしたものをいくらもとうとしても所詮意味がないということに、やがて気付きます。しかし人はすぐにはそうは考えません。刹那的といわれようとも、何かをもっていたい。それが未来を無視し、今だけでいいという現世の欲望となります。未来を捨て、今だけに生きること、そうすればなるほど失うことはない。この幸福が永遠に続いてほしいとおもうのは、まさにそうした失うことへの恐れからきています。

昔、私が学生時代に観た映画に『美しくも短く燃え』[66]という映画がありました。この映画は、脱走した兵士とその愛する女性との関係を描いたものですが、そのラストシーンは強烈なものでした。やがて追っ手につかまることを知った彼は、二人の愛と幸福がやがて崩れ去ることを予感します。しかし、この愛を永遠のもの、この幸福を永遠のものにしたい彼は、こんな行動に出ます。彼女は幸福の絶頂で、草原で蝶々を追いかけています。その顔は幸福に満ち溢れています。彼は彼女が未来の不幸を予感しないその絶頂の瞬間に、彼女を銃で撃つのです。愛と幸福を永遠に封じ込めたというわけですが、苦労や悲しみがあっての人生ではないかと考えると、これは身勝手な判断だという気もします。しかし、時にわれわれは所有しているものを永遠のものにしたいという願望にかられます。

「この誤った「愛《アモール》」を、「欲望」cupiditas と呼び、永遠と絶対的未来を追求する正しい「愛《アモール》」を、「愛」caritas と呼ぶのである」（前掲書二四頁）

ものの所有欲にとらわれた愛を欲望といい、うつろいゆくものの所有を超えた愛をカリタス[67]というわけです。カリタスは絶対の愛であり、それには死や消滅はなく、クピディタス[68]の愛は、消滅していく愛だというのです。人間が物的な側面で生きることを考えれば、この世界は肉欲の世界となります。肉欲は肉が滅びるとき、死を迎えるときすべて消える。肉を超えた愛が、そこにはありえないとすれば、永遠の愛もないことになります。

しかし人間はそうは思いたくない。死後に来るという来世も期待したい。永遠の満足するものにひたりたい。しかし、物的なもののなかにはそれはありえないのです。

ではなぜ物への愛がだめなのでしょうか。餓鬼道に生き、それでもいいという人はいるかもしれませんが、なぜそれではだめなのでしょうか。アーレントはアウグスティヌスを通じクピディタスという愛は、人間をものに従属させてしまうからだめなのであると指摘して、ます。それは人間をものに従属させてしまうことで不自由をつくりだすからだというのです。

「人間存在に特徴的なのは、まさしく従属から生じる恐れなのである。「衝動」libido が悪であるのは「外のもの」が悪だからではなく、それは原理的に自らの権能の及ぶ範囲にないものに従属するが故に、悪なのである。すなわち、自由を欠いているのである」（前掲書二八頁）

アウグスティヌスが分裂といっているものがこれです。自らの能力を超えたところのものに左右されることが悪だというのですが、自由にならないものは悪であるということです。

今ならさしずめ物象化とか、物神性とかいう概念がこれに当たるのでしょう。金の亡者はまさに、自分でなんとかならないものを何とかしようとしている。これを乗り越えるにはどうしたらいいか。それを何とかするには、自分で思い通りになるものに目を向けるしかないというのです。それが永遠のものへの愛というのですが、具体的には神を愛することだというのです。

もちろん神というものにご利益《りやく》があるから愛せというのではありません。むしろご利益のある現生の欲望を断って神を愛せというのですから、それは難題です。食うだけでせいいっぱいの者にはそんな余裕がない。しかしそうしろというのですから、簡単ではないのです。いいかえればここで神といわれているものは、そんな崇高なものではなく、人間が現世でつまらないものにうつつをぬかさないようにするための一種の仕掛けのようなものです。

確かに神という壁を向こうにおいてみるとさまざまなものが見えてきます。まず、永遠の存在というものがあるということ、そうした永遠のものを愛することも可能だということ、そして何よりも、神はわれわれにとって直接の利益ではないということ。すなわち直接利益でないものを愛することで、利益に翻弄された現世から逃れることができるわけです。

「人間は神を見いだすことによって、自らに欠けているもの、まさに自らがそうでないもの、つまり、永遠なるものを見いだすのである。「愛」amor の求める正しい「善きも

の」とは、永遠なるものである」(前掲書三二頁)

神とは永遠なるものの代名詞であり、永遠でない己の命に比べて、無限のものです。こうした永遠と比べることで、われわれは虚心坦懐になれるわけです。自らにないものを見ることによって、そこに現世にはない崇高なものを見る目を養うことになります。日ごろの身近な生き方をとりあえずおき、もっと遠くにあるものが神を通して見えることになります。

アウグスティヌスには、まさに現世にうつつをぬかしている人を捕まえて神を信じなさいといってもそれが無駄なことがわかっているわけです。ですから、神の存在を説教することはまったくしない。むしろ神を永遠と考えることによって、何かそこに壮厳なものを見せ、自らの内奥の精神を揺るがそうとしているわけです。

もっといいかえれば、自然の大きさを見たときに感じるようなそんなものでしょうか。私は海が好きで、よく海にいっては波を見ます。茅ヶ崎の海ですが、波はいつも同じように打ち寄せる。世間で何が起ころうとおかまいなしです。もちろんそれでも実際には少しずつ変化しているのでしょうが、私にはそれが見えない。何か永遠の営為を前にして洗われるような一種のすがすがしさを感じます。

宇宙の営みから見ると、実は動いているのは人間などの生物ではなく、山や海というものであることがわかります。数億年かかって数千キロを動く大陸なども、宇宙的営為から見ると一瞬の営みでしょう。それに比べると人間の一生など動きすら見えない。もちろんだから人間が駄目だというわけではありません。かつてジョルダーノ・ブルーノは、物質も動いていると述べましたが、確かに宇宙にある物質はそれ自身生き物のようにエネルギーをもって動いています。人間を構成する身体もその物質のエネルギーの一つにすぎないともいえます。

アーレントによると、それはいまだ来ぬ未来をあらわすものだといいます。まだそこに来ていないが、やがて来るもの、遠いものへ手をのばすことで、今をふっと忘れてしまうものです。

だから神への愛は、永遠への愛、世俗的な物欲を超えた愛です。だからカリタスだというわけです。カリタスの愛は、それを支配したり、利用して何かをえるという下心をもったものではなく、率直にそれを楽しむといったものだというのです。

創造者

アウグスティヌスは物的欲望としてのクピディタス、そして精神的欲望としてのカリタスの二つを提示したのですが、さらにここに第三の愛、ディレクティオ（dilectio）を出してきます。これこそ真骨頂たる部分です。

神や自然を愛《め》でながら、永遠の愛をもつというだけでは、まだ一人語りにすぎません。本当の愛は、人間相互の愛です。そこを説明しなければ意味がありません。そこからが内面の思想家アウグスティヌスのアウグスティヌスたるところですが、カリタスの対象であった神であるわれわれの創造者の姿は、地上ではどこにあるかということから考えていきます。

創造者である神への愛が見つかったということは、どこかに神なるものがあるという確信があったからですが、それはどこから来たのでしょうか。アウグスティヌスは若いころずいぶん悪い遊びをしたといわれています。その彼がなぜ神を発見したのでしょうか。外から誰かに諭されて見つけたというようなものではありません。そうしたものでは確信は弱い。むしろ積極的に自ら自身の中に神を見つけたのです。

人間の中に神がいるというのはおかしい気がしますが、神は人間というものをつくったわけですから、人間の中にはなんらかの神的なものがあるはずです。自分を見つめることで、そこにずうっと昔に神が人間をつくった痕跡がなにか見つかるはずだというのです。神を見るために人間の未来永劫を見ていたのですが、今度は一転して人間の過去を振り返ることが必要となってきます。

エンゲルス[69]の有名な言葉に、「人間の解剖は猿の解剖である」というのがあります。どういう意味かといえば、人間は高度に発達している動物なので、人間を見ればすべての動物の発達の痕跡が見えるという考えです。はたしてすべて見えるかどうかはわかりませんが、人間の中にそれまでの動物の痕跡があることは間違いありません。もっと言葉を変えていえば、現在の人間の中に過去の祖先の痕跡がある。遺伝というものが人間をいかに規制しているかということが、ＤＮＡの研究でわかってきています。獲得形質もあるとしても、遺伝形質というものがもっているものも見過ごすことはできません。

神が最初につくった人間の姿は、現在のわれわれの中に反映されているはずです。そうでなければ、おかしい。となると、未来に神を見ようとしたことは、過去の祖先に神の痕跡を見ることになるのです。

ここでアウグスティヌスがいわんとしている問題、時間の問題が理解できます。未来を見ることが過去を見ることであるとすれば、それはある意味循環的なものであることがわかります。時間は矢のようにまっすぐ進んでいるのではなく、時間はもとに戻っている。時間は永遠回帰している。ぐるぐるまわっているともいえます。始まりが終わりであり、終わりが始まりであると。

「それ故に「至福の生」が保証されるのは、ひとり「記憶」memoria によってであり、

しかも現世内の過去を超え出る仕方でさらなる後方を指し示す「記憶《メモリア》」を通じてである」（前掲書六三頁）

人間の中に過去の痕跡をどう見るか、科学ならば人間の中にDNAを見るのでしょうが、宗教的にいえば、人間の中に刻まれた過去の痕跡は記憶という形でしかみつかりません。図書館にある膨大な資料などはまさにその記憶の山です。私たちが受ける親からの教育、学校教育も、記憶の山です。こうやって私が使っている日本語も、私のものではない。過去の日本人の記憶からきています。人間はなるほど個人としてばらばらに見えますが、実際には過去の記憶の連鎖の中にいる、それが類としての人間という考えです。

ここで過去を振り返ることで、私という人格から、われわれという人格に変わっていることに気づきます。記憶は個人のものではなく、広く類としての記憶です。それは日本人という範囲さえ超えていきます。根源へ根源へとさかのぼれば、おそらく一人の被創造者である人間に到達するはずです。それが人類の原人であるか、神の被創造物であるかはここでは問わないことにしましょう。過去へと旅立つことで、類としての人類の英知をみる。地球上の生物の英知でもかまいません。こうして一人の個体としての存在がつながっていくのです。

「「創造者」は、「記憶《メモリア》」において「至福の生」への憧憬として自らを開示する限りにおいて、人間の中――「わたしの中」in me ――に存在している。こうして「被造者」は「創造者」への「立ち帰り」Rückbezug において初めて自己の存在を規定する存在と出会うことができる。なぜなら、「創造者」の内にこそ、「創造の行為」に先立ってすでに「人間を創造しようとの思慮」ratio creandi hominis が働いていたからである。起源への立ち帰りにおいてのみ、あらゆる「愛」dilectio が意味を取得することができる」（前掲書六七頁）

至福の時、最高に幸せの時ということですが、そうした生き方を得るには、人間の中にある、人間が創られたときのものを観照する必要があるというのです。本源的人間を見ると、そこに人間がなぜ創られたのかという理由があるはずです。意味なく創られたのではありません。何かそこには神の意図というものがあった。人間を創りたいという意図があったわけです。どういう意図で神は人間を創ったのか。それは神の思し召し、すなわち愛であったということになります。愛とは神が人類を創ったときのもの、永遠のものであったというわけです。

人間は自らの個体としての命について思い悩みます。自分という考えに慣れてしまっているからです。自分という個体を離れ、類としての人間を見ると、次から次へと生まれては死んでいく生命の連鎖の中にあります。けっして消えてはいない（いつか消滅するとしても）で、連綿とつながっていく。そうしたつながりを見ると、自分の肉体の永遠を望む気は少し和らぎます。時間という運命に気を病むのは、人間という個体の中にとらわれているからです。だから、その枠をとっぱらって、未来そして過去と自由に思考をめぐらせてみれば、そこにおのずと肉体というもののもっている意味のなさが見えてきます。

「近代」というのは、まさにこの肉体という個人を切り離し、一人の人格を独立させたことに意味があるのですが、そのため人々は現世を楽しみ、それに没入することになりました。資本主義経済の発展というのは、まさにそうした利己的個人を前提にしています。しかし、そうであればあるほど、それまで長い間人類を形成してきたつながり、たとえそれが封建的な形であろうとなかろうと、そうしたつながりをすべて悪として断つということになります。フランス革命が実現した革命とはそんなものでしたが、そうなると個体の消滅が不安でしかたがなくなる。現代人は物的豊かさにとらわれるあまり、精神的な不安定をもつようになったわけです。

政治的解放、すなわち一個人としての自由の実現が、人間全体の自由の実現とどう関係しているのかなどと人々はあまり考えません。自分の自由こそすべてになる。だからそこで社会的解放という概念が消滅してしまうのです。当然人格の独立によって社会への配慮が生まれるなどという主張はなりたちますが、社会との関係が直接的なつながりをもっていない以上、それは簡単なことではありません。

「待望と想起による未来と過去の現前化は、時間ならびに時間に束縛される「被造者」としての存在のありかたを否認してしまう」（前掲書七四頁）

過去と未来を見つめることで、人類のつながりが理解され、神の意図がわかることで、一個体として存在が現在に限定されていることなどどうでもよくなるというわけです。

もちろん人はそうした壮大な思考によって簡単に心が休まるものではないので、この問題は難しいのですが、ここで注意すべきは、そうした広大な思想の跳躍に意味があるのではないということです。むしろそのこと以上に、類として考えることによって、人間全体を考えなさいということです。そこで出てくる概念が隣人愛（Dilectio proximi）の考えです。

隣人愛

ここから隣人愛という最高の愛の導出が始まります。死を恐れたものが、未来永劫の中に神という存在を見つけ、そこにカリタスの愛を見つけました。やがてその愛から、自分の中にある人間という類への神の愛を見つけるために過去へと旅立ちます。そうして本源的人間という被造物の中に、神の愛の意図を見つけました。類として人間はみな仲間であるという考えは、この段階である程度理解できます。

「われわれが他者と隣人として出会うのは、「社会的愛」caritas socialis においてなのである。なぜならば、われわれは、アダムを「始祖」Abstammung とすることに由来し、万人に共通の歴史的系譜において打ち立てられた人類としての共同の帰属性を、互いに共有するからである。たしかに「世界に帰属する」demundo ものとして、この共同の帰属性において、隣人はこの自己否定的な愛においてすらも、ある特定の有意性を獲得する」（前掲書一三一頁–一三二頁）

人間みな兄弟であるということは、本源的な人間にまでさかのぼれば理解できます。人類は一人の母から生まれたといわれていますが、その母は現在のエチオピアにいたというイヴである。もちろん母はいいとしても父は誰であったか、気にはなりますが、ＤＮＡを探れば世界中に散らばるさまざまな顔をした人類が、ひとつの根源から生まれたのだということに気づきます。

本源的人間を愛するということは、自分の祖先を愛するということです。そこまでさかのぼれば、そこから枝分かれしたコーカサス人[70]やモンゴロイド[71]もすべて同じ根から分かれたものにすぎないので、そうするとそこにいるすべての人が同じ兄弟ということになります。とはいえ地球上の七〇億の人間が兄弟だといっても、兄弟は他人の始まりで、所詮他人ではないかということにもなってしまいます。

しかしみなさんの隣にいる人が、自分の兄弟であることは確かで、だからこそ、苦しんでいる人がいると助けたくなるというのも頷けます。同情や共感という概念が成立している根拠に、なんらかの共通の感情があるとすれば、それは本源的人間から来ているといえます。そうした人類愛が確信できれば、それは本源的人間に誰がそうした感情を与えたのかという問題に行き着きます。それが神であるというのが、アウグスティヌスのいわんとするところであるのですが、ここでは隣人愛を教えた神の問題よりも、隣人愛そのものが人間にとって本質的要素であることを理解することの方が重要でしょう。

「むしろわたしは彼の内に彼の「被造的存在」creatum esseを見いだして、それを愛する。その時にわたしは、ただ他者自身を愛するのではなく、むしろ彼の内に見いだされる何か、まさに必ずしも彼自身の自力によるものではない何かを愛するのである」（前掲書一三三頁）

彼自身の中に潜む何かとは神ですが、自分はいざ知らず、隣人の中に神がいるなどと思うことはなかなかできないと思われますが、論理としては、それは理解できます。

社会生活

アーレントは、ここまで来て、ある疑念に到達します。それは何かといえば、こうして考察してきた隣人愛に至る過程は、肉体をもった個人をあまりにも圧殺している過程であるということです。その論理をどんどん進めていけば、結局人間が個体として、個人としてこの世に生まれてきた意味は、全体、すなわち類としての意味しかなかったのではないかという問題が浮上してくるからです。

「しかし、われわれはまた、この信仰が、まさに個々の人間を、「神の前に」coram Deo孤立化させることを見てきた。乱暴な言い方が許されるならば、たとえすべての人間が同一のものを信ずるとしても、この共同性は各個人の存在にとっては有意性を持たない。「諸個人が自分の信仰を所持する」所以である。各人の信ずる神の純然たる同一性ですら、信徒たちの共同性を実現しないのである。信徒たちの純粋な共同性が、一つの「共通の信仰」へと、すなわち、そこでは非信徒たちも含めてすべての人と兄弟姉妹となる——というのも、各人が隣人であるので——信仰の共同性それ自体へと転化する。こうしたことは、いかなる観点から考えられるだろうか」（前掲書一四二—一四三頁）

アーレントは、その後の思想の中でこの問題を追求します。人間の個人の意味と、社会全体の意味です。フランス革命が個人の解放をもたらしたことを重く見るならば、個人の意味が喪失するこうした思考過程には、何か物足りないものがあります。強烈な個性をもって個人がいかされてはじめて、全体としての人間が見えてくるはずですが、このままだと人間はたんなる全体の一部となってしまうわけです。

なるほどマルクスの思想の中にある唯物論は、遠くはエピクロスにはじまり、スピノザ、フォイエルバッハ[72]を経てきています。そこでは自然の延長として、すべての物質が繋がっているという考え方が基本にあり、その意味で人間もすべて類としてとらえられるのです。彼女がマルクスの思想と決定的に分かれる道が、この博士論文にすでにあるといってもいいかもしれません。個人として、人格としての人間がどういう可能性を見るかという点を最後に社会という問題で議論しているからです。そうなると類的存在としての人間から外に出ていくことになります。

個人と全体を結びつけるものがまさに隣人愛なのですが、これがあることによって、神と人間とは直接結びつくことはありません。シモーヌ・ヴェイユは神とは太陽のようなものであり、そうした強力なものと直接向き合うことはできないと述べていますが、まさに人間が神と直接に向かい合ったらどうなるか。そうすると神のもつ力に圧倒されて、すべて崩れてしまいます。そこで人間は社会という集団を隣人愛という形でつくり、それを通して神と向かい合うようにしなければならないというのです。

フランス革命で政治的に解放された人々は、政治的権利以外何ももたない丸裸の人間として国家と対峙しました。一人一人のばらばらな人間が、巨大な国家と対峙するのは大変なことで、国家に完全に圧倒されてしまいます。だから個人個人は、国家権力を自らのものにするよりも、むしろ国家権力から遠ざかっていきます。そうなると国家は暴走を始めます。それが革命後独裁者の出現という形で噴出します。アーレントは、ある意味モンテスキューの『法の精神』の考え方と似た思考をしています。民主主義の危険性というのは、個人がばらばらになり、それが国家と向き合うときです。モンテスキューが貴族政の方を民主政より高く買うのは、貴族という媒介があることによって、個人は国家と上手に対峙することができるからです。貴族政はいいかえれば、今でいう代議制民主主義といっていいかもしれません。

　ここでいう国家は神だと考えれば、人間が国家という神の前に立ち向かうには、なんらかの媒体が必要だということです。その媒体をなすものこそ社会ということになります。それはかつて存在したさまざまなギルド[73]などの利権集団ではありません。むしろ新しい形を持った集団でなければならない。それが隣人愛を持った社会だというのです。

　隣人愛が成立するには、罪の贖いという問題がでてきます。人間が犯した罪を贖うというきもちが、本源的人間、ここではアダムですが、その彼が犯した罪をみんなで贖うことを導き出し、それによって人類の絆が強まる。しかもキリスト教では、キリストという人物が罪の贖い者であることによって、一層強い絆を人類に与えます。

　キリスト教徒でない多くの日本人にとってこうした考えかたはなじみが薄いのですが、ただいえることは人々が、少なくともある一点においては誰しも平等のものを持っているということです。それが罪を背負う原罪者という立場で、人類共通のものだということです。それを贖う必要がある。逆にいえば、それ以外について人間は自由であるという問題が出現します。ここでアーレントはつぎのように述べます。

「こうした人類の結合関係は今度は平等性を作り上げるが、この平等性は性質や才能の均一性ではなく、状況の平等性にほかならない」（前掲書一四五頁）

本源において平等であるが、その平等はあくまでも本源であり、個々人の才能や能力においてはまったく違うということです。状況の平等性という考えは、機会の平等という形でも読み替えることができます。

たとえば、イギリスでは大学への進学を平等化するために、全学生に将来払いの奨学金を導入したわけです。どういうものかといえば、それぞれの学生が、親の財力ではなく将来の自らの能力を担保にして卒業後に授業料を払うという制度です。そうすると、たとえ貧乏な家の子供であろうとも、親の財力に左右されずに進学できる。金持ちの子供もそうです。そうなると機会が平等になります。大学時代勉強していい成績をとれば、いい会社に入り高い給料をもらう。それで授業料を返せばいいということです。もっともうまく就職できずに、また給料も入らなければ、この議論は成り立ちません。すべてがうまくいくという前提の上でのことです。

機会の平等という発想は、平等という原理よりも自由を優先するということにつながります。だからこの制度はいかにもイギリスらしい考え方かもしれません。ヨーロッパであれば、一律授業料は無償という考え方になります。いわゆる平等主義です。能力の平等という点において、個人としての能力はあくまで個人のものだと考えるか、それもやはり社会のものだと考えるかの違いです。アーレントは前者の立場に立っていることはまちがいありません。

アーレントがユダヤ教出身者としてキリスト教の宗教の素晴しさに感心したのは、「媒介的な共通性」という問題であったと思われます。一人一人はばらばらの個人であるが、一方で全体としての個人でもあるというこの難しい問題を、キリスト教は隣人愛という形で解決した。ユダヤ教ではそれが、ユダヤ人という集団の問題になっているため、ユダヤ人であることがすべての個人のもつ可能性を消し、それによって社会という空間を構成できないという不安を彼女が持っていたのではないかと思われます。

「個々の人間は、世界に一人だけで存在するのではなく、運命をともに担う仲間たち――つまり、「運命の共有者たち」――を持ち、この運命の共有は、各人の生涯の個々の状況においてだけでなく、各人の全生涯を一貫してみられる。各人の生涯全体が、一つの決定づけられた運命的な状況として、死すべき定めのもとにある状況として見なされる。まさにこの事実にこそ、人々を相互に結びつけている「結合関係」が存し、同時に彼らの盟友関係としての「社会」が存する」（前掲書一四五頁）

こうして、個々ばらばらの人間は、社会をつうじて、すなわち隣人愛をつうじて結合することで、地上のさまざまな困難を乗り越えることができるというわけです。地上にいる間は、地上の肉体としての個体に支配されているがゆえに、つねに不安がつきまといます。しかしこうした隣人愛をつうじて永遠の世界を知り、やがて訪れるだろう神の国をそこに見出すことで、救済されるというわけです。

アーレントがアウグスティヌスをとりあげたことで、彼女の議論が神と人間という枠の中で展開されているように見えるのですが、実際は、現実の社会生活について語られているともいえます。人間は個人個人特殊な存在として社会で生活しているのだが、一方で社会全体に参加することでしか、生きていられない。前者の生活の不安は、孤独ということですが、後者の不安は個性の消滅です。この二つを、愛という原理によって、解消していこうというわけです。社会が国家という形で肥大化し、権力化し、それが個人を圧迫しないためには、個人という存在を大事にしなければならない。しかし、他方で、個人という存在は孤独と物的な欲望にとらわれた存在となります。だから、それを乗り越えるには、社会とのかかわりを愛という形でもつ必要があるというわけです。

第五章

未来を切り開くこと

マルクスの希望の冒険

カール・マルクス

Karl Marx 1818-1883

ドイツの哲学者・経済学者・社会運動家。
主著に『資本論』『ドイツ・イデオロギー』
『ルイ・ボナパルトのブリュメール18日』など。

マルクスの希望と革命

革命といえばいつもマルクスの名前が挙がります。ですが、マルクスはいったいどのような意味で革命を考えていたのでしょうか。当然のことながらここでいう革命とは、政治転覆を図る革命という概念ですが、しかしそれはそこにいたる思想家の自己変革の過程、すなわち自分自身の思考の革命をも含むことになります。ここでマルクスの革命観と、マルクス自身の思考の革命について問題にしようと思います。

エルンスト・ブロッホは、『マルクス論』（これは『希望の原理』からの抜粋を含むものですが）の中でマルクス自身の革命について、一八三七年一九歳の時に父親ハインリヒ[74]に宛てた手紙に注目しています。すでに第一章でこの点について触れましたが、この手紙について、その序文でつぎのように述べています。それを引用してみます。

「明らかにこの手紙の書き手は決して自分自身の足で立っているとはいえない。実際、彼の探求の道は亀裂が走り、ジグザグに進む。しばしば、出口も入口もわからない。だが、ふたたび、外へと向かう。この学生はすべてが苦悩に帰結した途方もなく詳細な草稿について報告している。読書について、知性の地球を縦横にかけめぐる探検旅行について。しかし彼はこれらすべてを新大陸発見の旅と処女地についてであるかのように報告している。この楽天主義は当時――ブルジョアとして不当とはいえないのだが――ヘーゲル以後のベルリンで、他の重圧とならんで、精神的に優勢だった亜流とは驚くほどの対照をなしている。（…）しかし若きマルクスの独自性を明瞭に示すのに、ヘーゲル以後のあたりに立ち込める秋の思想の只中で示された、客観的に春にふさわしい若々しさの能力にまさるものはない。まさにそのためにこの若き哲学者は決して自分だけを頼みにすることもなく、また周囲の手近な平地に頼ることもなかった。むしろ、彼は未だ存在せぬ世界の光を受けて、その世界の地平線に立っているのである」（エルンスト・ブロッホ『マルクス論』船戸満之、野村美紀子訳、作品社、九―一〇頁）

ヘーゲル[75]哲学の亜流の徒の多くが、ヘーゲル死後一八三〇年代ある種の行き詰まりに陥り、未来に対する悲観的な考えに達していたなかで、若いマルクスはそれとはまったく逆に、未来に驚くほどの希望をもち、これまでの地平をいつの間にか超え、いまだ出現していないドイツの未来を指し示すかのような見解に達しているというわけです。これはマルクス自身の思想的革命であると同時に、それはドイツ思想界全体が陥っていた閉塞状況を打破する革命への指針であったというのです。

この革命はある意味無茶苦茶な若さの飛翔がもたらしたものであるかもしれません。マルクス自体手紙を書きながら、何かに迷い、まったく何を書いているか当人もわからず、しかしある地平に到達しています。マルクスは、まさにその意味で天才であるとブロッホはいっていました。希望への意志が、理論に先行して未来を切り開くという考えはブロッホ独特の考えです。

一八三七年のベルリンで書かれた手紙は、まさにマルクス自身を革命すること、現実に起こっている事態の変化を革命として理解することであったといえます。その意味で若きマルクスはなるほど天才であったといえます。

一八三七年一一月一〇日の書簡にある革命的希望とは

この手紙は、ちょうどマルクスがベルリンで肺病を病み、その治療にでかけたベルリンの東の郊外シュトラーローの町で書かれています。当時は小さな川のほとりにわずかな集落があっただけのところで、数ヶ月マルクスはそこで療養をしていました。

この書簡は通常の手紙に比べ異常に長く、ひとつの論文を成すほどのものです。手紙はこう始まります。

「ひとつの人生の契機というものがあります。それは過ぎ去った時間を境界のように示し、同時にしっかりとした新しい方向を示すのです」（カール・マルクス『マルクス＝エンゲルス全集』第四〇巻、大月書店、三頁。ただし筆者がオリジナルから翻訳している。以下同）

人生の契機を知るのは、多くの人間にとってずいぶん齢を重ねてからのことです。マルクスは、一九歳にしてこうしたことを述べている。それはある意味、まだたんなる予感にすぎません。マルクスはそこから、世界の状況を考察します。ここで後に彼の著作に何度も出てくることになる世界史（Weltgeschichte）という言葉が出てきます。ヘーゲルの言葉でもある世界史という言葉を使いながら、世界史は行きつ戻りつしながら停滞しているのだが、頭の中ではすでに未来をさし示すことがあると述べるのです。

こうした頭の中での世界史の未来を理解するには、学問的な修練だけではだめであり、ある種詩的な感性が必要であると述べます。そしてそうした詩的革新をマルクスはすでに得たことをにおわせながら、周りの人にそれを打ち明けたくてしょうがないという表現をします。

そして一八三六年ボン大学からベルリン大学に移って以来の思考の変化について、ある意味父親に対していかに自分が勉強してきたかということを開陳するのです。この変化はまずは恋物語から始まります。将来の妻イェニー[76]への恋が、この若者を夢中にさせ、ベルリンまでの馬車の長旅をいかに癒してくれたかが語られます。そして、

「私が見た岩は、私の魂の感情以上に険しいものではなく、気負ったものでもなく、大きな都市も私の血ほど生き生きとしたものではなく、宿屋のごちそうも私がもってきた幻想の荷物以上に飾り立てられたものでもなく、消化に悪いものでもなく、詩集的には芸術ですらイェニーほど美しいものではなかったからです」（前掲書四頁）

と若きヴェルテル並にとうとうと愛の物語を父に語っているのです。これは恋に狂った青年の言葉にすぎないといえばすぎないのですが、それが、沈みきったドイツという国にこれから芽生えるだろう新しい能天気な可能性の始まりだと見ると、こうした表現もまんざらおかしなものでもなくなります。

そしてマルクスは、ベルリンに着いて、父親が世話をしてくれたさまざまな人間関係さえ断って、ひたすら勉学と芸術へといそしむのです。マルクスはすでにギムナジウム[77]時代から詩に夢中になっており、ベルリンでもしばし詩に没頭していたことがわかります。しかし、そうした芸術的高揚は、突然終わりを告げます。叙情詩を書き、それをイェニーに送るので

すが、こうした詩の感情は次第に色あせていき、新しい興味が頭をもたげてきます。それが哲学です。

「今では詩は付録にすぎないものかもしれませんし、そうであるべきだったのです。私は法学を勉強しなければならなかったのですし、とりわけ哲学と格闘しなければならないと思いました」（前掲書四頁）

こうして法学の勉強とともに哲学の勉強が始まるのですが、この哲学によってすべての計画が変わります。彼は当時お決まりの大学の法学部コースのシラバスにあるような、法学の論文を書こうとしていたのですが、哲学によってそうした計画がすべて崩壊していきます。その骨格がなぜだめであったかというと、それは地に足がついていないからだというのです。形式的に国家、法、自然などが取り上げられていただけであり、「生き生きとした思考世界の具体的表現においては、対象それ自身がその展開の中で現れ、恣意的な分類は入ってはならず、もの自身の理性が相対立するものとして展開され、それ自体の中で統一されねばならない」（前掲書五頁）のだと述べ、頭でっかちな論文ではなく、現実の国家や法の問題を取り扱う配慮の必要性が指摘されます。

そしてこれから書くはずの法体系の一覧表を書いています。その体系を見ると、わずか一九歳の青年が法学の全体系に触れる論文を書こうなどという無鉄砲なことを始めたことに驚くとともに、その未刊に終わる大作の前で果敢に挑戦する、無鉄砲で世間知らずのマルクスの顔が浮かびます。しかし、これらの計画は泡のごとく消えていきます。その後『資本論』[78]にいたるまで続く、壮大なプラン作成の片鱗がここに見られます。大きなプランを作ってはそれを壊す。それはまさに賽の河原で石を積むような行為ですが、その行為は一方であまりの強心臓でまわりの人々の顰蹙《ひんしゅく》を買うだけのものであったともいえます。

こうした素人芸がいつまでも通じるわけがないのですが、マルクスはある意味人生の最後までこの怖いもの知らずの壮大なプランを書き続けます。

プランを放棄した理由はこうでした。

「私に明確になったことは、哲学がなければ前に進めないということでした。だからはっきりと意識して、哲学の腕の中に自らを投げ入れる必要があったのです。そして新しい形而上学の根本的体系を書き、その結論において、私の以前が間違っていたということに気づかざるを得なくなったのです」（前掲書七–八頁）

こうしてある種計画の限界に突き当たり、そこから彼はもがきはじめます。そこでこれまで読んだ書物をひも解きます。そして今後続く、マルクス特有の膨大な引用ノートがここから始まります。そこで読まれたものは、タキトゥス[79]の『ゲルマニア』やレッシング[80]の『ラオコーン』をはじめとして、英語、イタリア語の文法書などまったくまとまりのつかないものです。何でも手当たり次第に読んだという印象しかありません。こうして何ができたかというと、何もできていない。

「最初の学期をつうじて、こうした大きな仕事によって何日も徹夜をし、多くの戦いを行い、多くの内的、外的な刺激に耐えねばなりませんでした。しかし最終的に豊かになったわけではなく、自然、芸術、世界の問題を積み残し、友人との交際も断念しました。私の体がこうした反省をうながしたようにおもわれましたので、医者は私に田舎を勧め、私は初めて長い都市を通り抜けシュトラーローに向かう門にまで行きました」（前掲書八頁）

彼はこうしたとんでもない不規則な勉強で体を壊してしまいます。そしてこのシュトラーローに宿を替えることになるのです。そしてやっとある地点に到着します。

「ひとつの幕が降り、私のもっとも聖なるものは壊され、私の新しい神々に変わらねばなりませんでした」(前掲書九頁)

こうしたそれまでの勉学の大量摂取による消化不良と病の後、つきものがすっきりとれて新しい人間になります。しかし、再度ヘーゲルを読むころに、この光は再び闇となります。こうして夢中になって対話編『クレアンテスあるいは哲学の出発点、必然的な継続について』という原稿を書くのですが、それは二四ボーゲン、つまり四〇〇頁くらいの大きな作品です。

「ここでそれまでまったく対立してきた、ある程度の芸術と学問とが統一されています。私はしっかりとした旅人として、作品それ自身が、神性の哲学的＝弁証法的発展へと、概念それ自身として、宗教として、自然として、歴史として出現するように、進みました」(前掲書九頁)

しかし、この作品も結局不完全なものとなり、いつのまにか捨てられることになります。

実際この作品は存在しておりません。

「この最愛の子供は、月の明かりで保護され、いつわりのサイレンが敵の腕へと導くように、敵の腕へと連れ去られていくのです」（前掲書九頁）

こうして茫然自失の状態で、再び何も手につかなくなります。

「私は数日間、怒りで何も考えることができませんでした。「魂が失われ、お茶は薄められれ」というシュプレー川[81]の汚れた水の庭を狂気のように歩き回り、宿の主人と狩にさえ参加し、ベルリンへと疾走し、街角のひとたちを抱きしめたいと思いました」（前掲書九頁）

マルクスは六年近くも大学で過ごすのですが、こうした苦しみの過程こそ、彼の長い大学生活を物語るものでした。こうしていつのまにか、彼は法学部の学生でありながら、ヘーゲル哲学の学徒となっていくのです。

「シュトラーローでの友人との出会いから、私はドクトルクラブに入りました。そこには何人かの私講師とベルリンでもっとも親しいルーテンベルク博士がいます」（前掲書一〇頁）

ベルリンのカフェに集まるヘーゲルの学徒の属するクラブ、ドクトルクラブ[82]に入り、当時のベルリンの学徒の到達した哲学のレベルに遭遇するわけです。

父はこうした手紙、とりわけ体を壊すほど勉強したことに対して怒りを示すのですが、息子が途轍もない戦いをしていることを、ある種矜持をもって見守ってもいます。

しかし、哲学への没頭が、思わぬところまで進みます。マルクスの父は弁護士であり、マルクスも本来ならば弁護士の道を進むはずだったのですが、こうした知的放浪によって、彼は完全に法学から遠ざかるしかなくなってしまったのです。

すでに法学への道は遠のいてはいたのですが、父のためにとりあえず弁護士の道を進み、そこから大学の研究者になれる可能性もあることを知り、その旨を父に伝えます。しかし弁護士への興味は完全に失せはじめていました。

マルクスが一八三七年に遭遇した彼の革命とは、彼の将来がもはや弁護士という職業ではなく、ヘーゲル哲学にあることを知ることにあったのです。しかもそれは、もはやありきたりのヘーゲル哲学ではなく、七転八倒した上につかんだ革命的ヘーゲル哲学でもあったのです。いい換えればヘーゲル哲学を乗りこえねばならないというある種の希望、ある種の運命というものを感じ始めていたのです。

しかし、それは父の死、さらには母との関係の悪化を生みだします。それにもかかわらずさらに数年ベルリン大学[83]に留まり、一八四一年四月イエナ大学[84]より博士号をもらうことになります。ヘーゲル左派のメンバーとして、誰よりも批判的な学者として大学に職を得ようとしました。

この手紙を見ると、ドイツに起こる革命や、あるいはフランスで進行中の社会主義・共産主義運動の問題などまったく書かれていないことに気づきます。彼はそうした意味での革命運動に入ろうとしていたのではないことは確かです。彼自身が批判的な思想家として、未来を見通す、社会のわずかな亀裂の中から希望を見通す鋭利な学者として、自らを陶治しつつあったのです。そのいとなみは社会問題への鋭い感性として、やがて一八四二年『ライン新聞』で結実します。しかし、革命が具体的な革命思想へと変貌するには、まだまだ経験と道具がそろっていません。そうした道具に遭遇するのが、フランスとの出会いであったことは間違いありません。

ルーゲとの往復書簡

マルクスは、アーノルト・ルーゲからフランスで『独仏年誌』なる雑誌を発行する打診を受けます。ルーゲとの書簡はそのやりとりについてのことが書かれています。やがてこの往復書簡の一部はその『独仏年誌』に掲載されます。二人の意見はまったく異なっていました。しかし、やがてマルクスの勢いに圧倒されるルーゲが、その意見に折れる形になります。実際にはルーゲは折れたわけではありません。マルクスの危なさを知ったルーゲは後に距離を置くことになるからです。

Ⅰ　一八四三年三月の手紙

この手紙は、『ライン新聞』を辞めたマルクスが、母方の親戚のいるオランダに向かう船上から始まります。

「今オランダへ旅しています。この地の新聞、フランスの新聞から多くを察するに、ドイツは深いぬかるみにはまっていて、ますます悪化するようです」（カール・マルクス『新訳 初期マルクス』的場昭弘訳、作品社、三四四頁）

オランダはドイツよりはるかに自由な国でした。マルクスはオランダに入った途端自由の空気を新聞の記事から知ります。それと同時にドイツがどうしようもない閉塞状態であることをそこから理解します。ドイツの専制主義の実態が外国では笑われている。まさにそうとでもいいたかったのでしょう。

マルクスはオランダで感じたことを、対話風にこう述べています。

「あなたは、私を笑いながら見て、「恥で何が得られるのですか。恥では革命はできません」と訊きます。私はこう答えます。恥はすでに革命であると。恥はドイツの愛国主義に対するフランス革命の勝利であり、一八一三年、恥が勝利したのです。恥はそれ自体の中にもどってくる一種の怒りです。(…)ドイツにおいては恥さえ存在していない。逆に、この惨めなものが愛国者である」(前掲書三四四-三四五頁)

長い専制政治に慣れ、歴史の動きに取り残されたドイツ、それは確かに恥でしょう。なるほど恥で革命を遂行することなどできないかもしれませんが、一度恥をもったことは進歩ともいえます。しかし、恥をもつことでフランスを打ち負かし、恥の上塗りをしてしまいました。そうした状態では恥さえ存在しないといってよい状態です。だからより惨めになってしまいました。マルクスは、こうした状況を見ながら、そこから革命が近いことをルーゲに告げます。

「しかし愚かなものはこれを何も信じないがゆえに、その運命に船は進んでいくのです。この運命とは革命であり、それはわれわれの前にあるのです」（前掲書三四五頁）

革命近しというかなり大胆な地平にたったマルクスは、すでにヘーゲル左派[85]の領域を超えていたともいえます。ヘーゲル左派は、知的営為における革命議論は盛んに行いましたが、実践的な革命など考えていなかったからです。

2 ルーゲの反応 一八四三年三月

ルーゲはこうしたマルクスの考えに危惧すら覚え、こう反論します。

「あなたの手紙はひとつの幻想です。あなたの勇気は私を少しばかりがっかりさせました」（前掲書三四六頁）

かなりマルクスより年上であり、しかもすでにジャーナリストとして名を成していたルーゲは、マルクスの無鉄砲な革命への希望を、批判します。

「われわれが政治革命を体験するですって。われわれ、このドイツ人の同時代人のことですか。わが友よ、あなたは願望を信じています。おお、私にはそれがわかります。期待するにはあまりにも甘美で、すべての迷いを振り払うにはあまりにも苦い。疑うことは期待することよりも勇気がいります。しかし、それは理性の勇気であり、われわれはもはや思い違いをしないところまで来ています」（前掲書三四六頁）

ルーゲとマルクスでは、どちらが現実に即したものであるかといえば、明らかにルーゲです。ルーゲのいうとおり、願望と現実を混同することは世迷いごとであります。そこには冷静な理性が必要です。しかし、若いマルクスは、ドイツの中にある種の革命の臭いのようなものをかぎつけ、そこから未来を見通しているのです。それは十分に煮詰められた理性による分析ではないのです。すでにベルリン時代にその未来を予感したように、驚くほど強い彼の時代を見る感性は、さらにどんどん前に進んでいます。

「私は革命を、勇気とはまったく逆のもの、人間の自由の尊厳に対する、まったく誰の支配にも属さず、公的な本質そのものである自由国家への手段に対する放棄だと名付けます。ドイツ人には何ももたらさないでしょう」（前掲書三四七頁）

革命など何ももたらさない。ドイツ人は専制主義に対してけっして闘うことはない。すでに抜け殻の魂であり、その抜け殻の魂から自立した独立精神をもった人間をつくることが重要で、専制主義に対抗する政治革命など意味がないと、ルーゲはいうのです。ルーゲは、人々は自由を求めるのであり、けっして政治的権力を求めるのではないと主張します。ドイツ人は専制主義に耐えることに慣れ、それをひっくり返そうという精神をもつことさえできていない。それはもはや奴隷根性にすぎない。希望などまったくないというのです。

「ドイツの哲学者には抽象的な自由を説明するという大胆さは許されていたのです。今日ではこの自由、いわゆる学問の自由あるいは実現されないことに甘んじる原則的自由は、廃棄されてしまっているのです――」（前掲書三四八頁）

ルーゲはドイツの現実に退廃の臭いしか感じていません。それはきわめて悲観的であり、楽観的な希望などまったくそこにはありません。それはマルクスとまったく逆の考えです。人間が生まれつき不自由だと感じれば、それはそれでいい。トルコの歴史はそれを説明していて、自由を求めようとすらこの人々はしなかったのだとルーゲは語ります。

「人間が奉仕のために生まれ、その生まれつきの主人の所有物であるという事実に対して、ドイツ人はまったく異議申し立てを行わなかったのです。（…）人間は自由になるために生まれたのではない、いやそうでなければならないという考えによって自らの運命を慰める以外ないのではないのでしょうか」（前掲書三四九頁）

二人の見解の溝は大きいものです。ルーゲはフランス革命の人権の自由に心を動かされたヒューマニストです。それをドイツに求めても、今のドイツはとてもそうした状況にはないと考えます。だから革命など遠い夢であると述べるのです。まさに自由の代償として愛国主義が存在し、わがドイツはほかの国とちがって不自由であることが、むしろ愛国主義と誇りとなっているのだと考えるのです。

3 マルクスの応答

マルクスは、ルーゲの悲観的見解にうんざりして、こう返事を書きます。

「親愛なる友人よ、あなたの手紙はすばらしい哀歌、息をふさぐ葬送歌です。しかし政治的に見ると現実はまったくそうではないのです。人民は、なにごとも疑わず、長い間ただ愚かに希望をもっていただけだったのですが、ときをへて突然かしこくなって敬虔なすべての願望を充たそうとしているのです」（前掲書三五二頁）

マルクスは、政治的に社会を見ることをルーゲに伝えます。人間の心の問題ではなく、政治的な問題として社会をとらえると、人々がすでに革命への意識に目覚めていることは確かであると。そしてマルクスはルーゲが問題をとことん論じつくしていないことを諭し、こう述べます。

「死者には死者のまま眠ってもらい、悲しんでもらいましょう。それに対し、生き生きとした新しい生に進む最初の人間になることはうらやましいことであり、これこそわれ

われの運命でしょう」（前掲書三五二頁）

悲観的にならず、未来を見つめようというわけです。『独仏年誌』が新しい未来を切り開くことで、ドイツの革命も可能になるだろうと。確信の違いというか、マルクスは、疑念をもつルーゲの心を揺さぶっていきます。現に存在するものに拘泥せず、未来を凝視すべきだというのは、俗世間で長く生きてきたルーゲのような人間にとって、青二才の戯言にすぎないと思われますが、新しい世代の登場というか、信念をもったマルクスに次第に圧倒されていくはずです。

現実に拘泥する人間をマルクスは俗物界の人間、実利的人間だといいます。この世界でただ物質的な欲望にしたがって生きている人間は確かにそうした人間ですが、人間の本質は自由であり、俗物ではない。そこに現実の本質との間に大きな二重性があります。マルクスは、この二重性をつねに思考の基本とします。本来の人間がなぜ俗物性に隠れているのかということを問題にする発想は、啓蒙主義的発想ともいえます。もっといえばフランス革命的な発想です。この段階でマルクスはまだ共産主義者ではありません。自由と共和制をもとめる民主主義者にしかすぎませんが、こうした二重性を問題にすれば、やがて自由という幻想にある二重性に気づかざるをえなくなります。そこからマルクスは共産主義への道に進むことになるのですが。これは次の「ユダヤ人問題によせて」で述べることにします。ルーゲもこうした二重性を知らないわけではありません。むしろルーゲこそ自由を求めてきた人物だったのです。しかしドイツにおいては悲観的にならざるをえないのでした。実利的世界が前面に出ているドイツでは、人々は政治に関心がない、だから政治の自由より生活が優先されるのです。マルクスはドイツの貴族が国民を馬鹿にして、「人間は社会的であり、まったく非政治的動物である」(前掲書三五三頁)と述べたことを引用します。所詮人間は胃の腑の欲望の域を出ることはないという意味ですが、これがドイツ人を立派な臣民にしている根拠だというのです。貴族の役割は、せいぜい彼らの胃の腑の欲望を満たしてあげることであり、それができているかぎり、臣民は犬のように従順であるということになります。

臣民が俗物であり、現実主義者であるとすれば、支配者の方も現実をそのまま受け入れることで、社会的、すなわち非政治的なものになっているわけです。だから彼らも現実を乗り越えることができません。政治という概念がともに希薄になっているからです。

マルクスはここで政治的概念と社会的概念を区別します。政治とは理想を含む、現実を超える世界です。一方社会の方はまさに現実の生きるという世界です。マルクスはこうして政治的概念の世界の方を重視し、フランス革命はまさに政治的概念の世界の現実における完成形態だと考えます。

マルクスは当時モンテスキューとルソーを読むのですが、モンテスキューに嫌悪を示しています。なぜなら、モンテスキューは君主政と専制政とを分け、君主政に可能性を見出そうとしているからです。なぜマルクスがモンテスキューを批判するかといえば、モンテスキューは人間の本質を無視し、非人間化された人間の姿を永遠の本質としているからです。政治という概念をモンテスキューは無視しているわけです。政治的な人間を認めないモンテスキューは人間の本質を認めていないことになります。君主政という枠からは、本来の人間は出てこないとマルクスは考えるのです。[86]

君主政を支配するのは政治ではなくたんなる思いつきであり、思いつきがそれでも政治になるのはそれが誰かにチェックされるときです。君主が思いつき以上に出ないとすれば、君主政は政治を実現できません。だから思いつきは政治にもならないわけです。

「思いつきは、そこでは思いの通り、まったく移り気で、無分別で、軽蔑的なものであるかもしれません。思いつきこそ、まさに人民を支配するには十分なものです。人民は国王の意志以外の別の法律など一度も知ることはなかったのですから。（…）転倒した世界が現実のものであれば、プロイセン国王は末永く時代の人間であるだろうと、私は考えます」（前掲書三五五頁）

現実が現実のままであるかぎり、およそ時代がずれた世界がこの世のものであるかぎり、それはそれとして権力は維持されていきます。しかしそれはいつまで続くのかという問題が残ります。青年ドイツを含めてプロイセンでは憲法制定運動が長く続いたのですが、いまだ憲法はできていませんでした。しかし、やがてプロイセン国王はプロイセンを彼のたんなる私的な領地ではなく、公的な領地すなわち国家体制にしようとして、政治的意思を表明します。そのとき、彼は図らずもこのプロイセンは、彼の個人的な所有物にすぎないことを表明することになってしまいます。

「プロイセン国王は自分の国家であるプロイセン領域の未来の国家基本法に対する彼の決意と心情を表明しました。実際は、国王こそプロイセンにおける体制なのです。彼が唯一の政治的人間です。彼が行うこと、あるいは誰かが彼にさせること、彼が考えること、誰かが彼の口でいわせること、それがプロイセンでは国家が考え、国家が行っていることなのです。したがって、今日国王がこのことをはっきりと表明したというのは、実際彼の功績です」（前掲書三五五–三五六頁）

国王は、政治を独占することで、臣民を実利的な世界に封印します。しかしそれが君主政の本質なら、永遠に臣民は自由を獲得し、政治を行うことなどできません。だから、臣民が自由を獲得すれば、プロイセン体制は崩壊するしかないわけです。だから理論的には、今の状態の改革などありえないのです。

なるほどプロイセン国王は、民衆の目線にたった政治を行おうと改革を行ったのですが、それは結局国王の寛容というレベルに留まり、自由が行き過ぎると逆に徹底的に反動となってかえってきたのです。ルーゲの『ドイツ年誌』[87]と『ハレ年誌』[88]が発禁処分になったのは、まさにそうした反動の中であったのだとマルクスは分析します。ルーゲにはこうした分析はありません。だからマルクスは、国王が存在するかぎり、自由などないとはっきりと主張するわけです。だから革命が必要なのだということになります。

そしてマルクスは今ドイツを見るためには、いまだ存在しない非現在を見ることが必要だと主張します。

「あなたは、私が現在を高く評価しているなどとはいわないでしょう。しかし、現在を疑っていないとしても、私の希望を満たしてくれるのは、その現在の疑わしい状態なのです」（前掲書三五七–三五八頁）

そして、現実の状態はすでに商業の発展という実利的世界の発展によってほころびが目立ち始めていて、もはや時間の問題になっているのだと主張します。こうして新しい世界の形成をマルクスは予感として、現実の運動として理解し、ルーゲに訴えるのです。

4 ルーゲの応答

ルーゲはマルクスのこの説得力に打たれます。そしてこのようにさえ述べるのです。

「新しい哲学者が私を確信付けました」(前掲書三七二頁)

ルーゲはこの興奮について存在しないポーランド[89]の例を出してこう述べます。ポーランドは今存在してはいない。しかしポーランドが消えてもポーランドがなくなったわけではない。ポーランドは心の中にある。だからいつもポーランド復興の動きはあるのだと。

こうしてルーゲは、新しい雑誌『独仏年誌』は、これまで存在する現実の関係と手を切り、「新しい原理、新しい立場、民族主義といった狭い了見からの解放」(前掲書三七三頁)であると述べます。このとき雑誌がパリで発刊されることが決まりますが、まさにパリは既存のドイツ的なものと手を切り、新しい発想に立った未来の希望を意味していました。まだ存在しないものを願うことによって希望を実現するということにルーゲは理解を示したのです。若者の若さが歳をとったものの理性に打ち勝ったのです。

5 マルクスの応答

ルーゲのためらいを断ち切ったマルクスは、パリで発刊することの決意に対してこう語ります。

「あなたが過去から、新しい事業へお考えを進められたこと、そして決定されたことを喜んでおります。哲学の古い大学（absit omen――桑原桑原）でもあり、新世界の新しい首都である、やはりパリにおいて」（前掲書三七四頁）

何かと不自由の多いドイツを避け、フランスに行くこと。これが二人の決意ですが、これはマルクスにとってやがて思わぬ未来を開くことになります。新しい世界を切り開く武器を現実の中に求めるべきだということが、そこで理解されるのです。すでにマルクスは、ヘーゲルの束縛から離れつつありました。問題の解決は哲学者の机の中にはない、街路の上にある。だから当面解答を求めることが本義ではない。むしろ解答にいたる過程、現存の状態の批判の過程こそ、もっとも重要な課題となるとマルクスは展開するのです。

「この点で、われわれはドグマ的に世界を予測するのではなく、まずは古い世界の批判から新しい世界を発見することを望むのだということが、まず優先されるべき課題です。これまで哲学者たちはあらゆる謎の解決を机にしまっては、無知な外の世界についてはロを開けっ放しにして、絶対的な学問という焼き鳥が口の中に落ちてくるのを待っていただけでした。(…)われわれが今なさねばならないことがますます確かなものになっています。だから、私は存在するものすべてに対する徹底した批判を考えています。批判はその結果を恐れない、存在する権力との闘争にも恐れないという意味において、「存在するものすべてに対する徹底的な批判」を主張します」(前掲書三七五頁)

こうしてマルクスは一定のドグマを立てた雑誌をつくるのをやめ、その雑誌を自由な批判の場にすることを主張します。そして後に彼自身その虜となってしまう共産主義を批判します。とはいえ、それは理念としての上面の共産主義のドグマのことで、もっと現実に根を張った共産主義、社会主義についてはむしろ勉強すべきだというのです。

「共産主義はドグマ的抽象であり、私が考えるような想像上の、可能な共産主義ではなく、カベー、デザミ、ヴァイトリンクなどのような現実の共産主義をある意味教えねばならないと考えます。この共産主義は、その対立物である私的制度にまだ感染している、人間主義の原理に感染した現象にすぎません。私的所有の廃棄と共産主義はけっして同じものではなく、フーリエ[90]、プルードン[91]などのような別の社会主義学説があって、偶然ではなく、必然的に相互に対立しているのです」（前掲書三七五頁）

マルクスは『ライン新聞』時代にフランスの共産主義については少しばかりかじっていたのですが、まだ本格的に勉強していませんでした。だからこれらの人物への言及は、十分な知識を持ち合わせてのことではなかったのです。まだジャーナリスティックに関心を持った程度にすぎません。

マルクスは、ここですでに触れた政治と社会の問題に関心を向けます。ルーゲに対して、マルクスはドイツの政治的革命について語ってきたのですが、この手紙では、むしろ政治革命自体の問題が語られています。まさに一八四三年暮に書かれる「ユダヤ人問題によせて」と「ヘーゲル法哲学批判序説」にいたる新しい考えのスタートラインになるものです。

「どこでも政治的国家は実現されたものとして理性を前提にするのです。しかし、政治的国家は、いたるところで現実の前提とその観念的規定との矛盾の中に入っているのです。

したがって、政治的国家それ自身の闘争の中から、いたるところで社会的真実が発展できるのです。宗教が人間の理論的闘争の目次であるように、政治的国家はその実践的闘争の目次です」（前掲書三七六頁）

二つの論文では、政治的解放ではなく、社会的解放の問題が語られるのですが、それは政治的解放が人権としての自由を解放したことによって、私的所有という人間相互を排他的にする権利をその人権の中に入れてしまったことが起こす問題点を、マルクスが理解しているからです。

ここで政治的解放の問題の先にくるものは私的所有制度の批判ではまだありません。しかし、その意味については含意されています。なぜなら、近代的な民主主義システム、代表制と非民主的な身分制システムの違いを、前者が私的所有による人間の支配、後者が支配による人間の支配だと分けているからです。

そしてマルクスは、意識の改革ということを叫びます。意識の改革とは、現実の存在の中で迷妄の中にいる人間を目覚めさせる改革であるが、それはあたかも啓蒙主義者のようなやんわりとした改革に見えます。いいかえれば、まだどう改革していいかわからないが、改革すべきものはなんとなく見えているといった状態にマルクスがいることがわかるのです。

つぎに大きく飛躍するのが、「ユダヤ人問題によせて」と「ヘーゲル法哲学批判序説」です。

「ユダヤ人問題に寄せて」

「ユダヤ人問題に寄せて」という作品は、ブルーノ・バウアー[92]の『ユダヤ人問題』という書物、そして『スイスの二一ボーゲン誌』に掲載された「今日のユダヤ人とキリスト教徒が自由になる可能性」という論文に対する批判の論文でした。

バウアーが、もっぱら政治と宗教とを切り離し、宗教的に自由になることよりも政治的に自由になることを主張するのに対し、マルクスはそこから一歩進んで、政治的に自由になることよりも、政治的自由のよってたつ根拠を問題にし、社会的解放を主張します。

マルクスが、なぜそうしたところに焦点を絞っていったかは、前節の最後の問題である程度見えてはいます。すなわち、政治的解放が行き着く先は、結局社会的解放しかないという問題です。それは、政治的解放は力による国王の支配を私的所有による支配に変えてしまっただけであるという指摘からも理解できます。つまり、私的所有だけでは政治的解放は実現できないということです。

マルクスはフランスで有名になったプルードンの『所有とは何か』という書物をすでに読んでいました。その冒頭でプルードンが問題にするのは、なぜフランス革命の後に書かれた憲法と人権宣言に、私的所有が明記されているのかという問題でした。

プルードンは、第二章でこう語っています。

「九三年憲法の序文として出版された人権宣言によると、所有とは「意志にしたがって、その財、その収入、その労働と産業の果実を享受し、処理する、すべての市民に固有の権利である」」(Pierre-Joseph Proudhon, *Qu'est ce que la propriètè? Ou Recherche sur le principe du droit et du gouvernement*, Premier Mémoire, Garnier-Flammarion, 1966. p.85)

この部分をマルクスもそのまま引用するのですが、プルードンはこうした規定を使いながら、次のように述べます。

「人権宣言は、所有を、自由、平等、所有、安全という四つとして数えられる自然権、人間の永続的権利のひとつであると置いていた」(Ibid., p.88)

ここでプルードンは、なぜ所有が自然権を構成するのかという点を批判しています。所有権は社会的に重要な権利ではなく、むしろ反社会的な権利であることによって、人権を構成しえないとプルードンは結論付けます。人権とは人間社会がお互いを結び付けあう権利であるとすると、一方が成り立てば一方が成り立たなくなる所有権のような排他的権利が、人権といえないということは明らかです。

マルクスはプルードンのこの部分にヒントを得ながら、プルードンとまったく違う方向へ論理を進めていきます。プルードンは所有を批判するのですが、しかし自由を高く評価しています。しかしマルクスは、所有も自由も批判します。

「したがって私的所有の人権は、他人と何の関係もなく、社会から独立にその財産を意、、、、志にしたがって享受し、処理しうる権利、利己主義の権利である。この個別的自由とその適用が市民社会の基礎を形づくっている。市民社会では、個別的自由によって人間は他人の中に自由の実現ではなく、その制限を見出すのである。市民社会はとりわけ人権を、「意志にしたがってその財、その収入、その労働と産業の果実を享受し、処理することだと宣言する」（『新訳 初期マルクス』八六頁）

自由は結局私的所有が存在するがゆえに、実現されることはないというのがマルクスの批判の骨子ですが、ここまではプルードンとあまり変わりません。むしろ所有批判は、プルードンの延長線上にあるといってもいいでしょう。しかしマルクスは、ここから私的所有と人間のモナド化（個人主義化）という点に問題をしぼっていきます。

「ここでの非政治的な意味での平等とは、先に述べた自由の平等以外の何ものでもない。すなわち人間がこうした孤立したモナドとして同じように考察されるということである」（前掲書八六頁）

マルクスは人権宣言の意味をこう解釈しています。人権宣言は人間を個人に分解することによって、個人の利己性を承認したことに意味がある。確かにこのことによって、人間には政治的権利が与えられたわけです。集団としての権利ではなく、個人としての権利が与えられたのです。しかし、この権利はかえって個人の政治への関心を薄めさせてしまうというのがマルクスの主張です。なぜなら、人間が利己的な個人になったのだとすれば、人間の関心は自らの利益を守ることの方に集中し、その限りにおいてしか政治に関心をもたなくなるからです。

ハンナ・アーレントは、マルクスが一八世紀のフランス革命に一九世紀的な社会的問題を読み込むのはおかしいと非難しています（ハンナ・アーレント『革命について』志水速雄訳、ちくま学芸文庫、一〇一頁）。つまり、一八世紀は政治的権利をもつことが重要な課題だったのであり、平等といった社会的な問題に、人々は関心を向けなかったのだというわけです。アーレントのこの指摘は、必ずしも正しくありません。なぜならモルリやバブーフといった共産主義者がすでにこの時代に登場しているわけであり、平等などの社会的問題がまったく問題になっていなかったというのはありえない話だからです。

それはそれとしてここでの問題は、マルクスが社会的解放について述べていることではありません。むしろ問題は、マルクスが政治的解放こそむしろ利己的精神を解放してしまったと主張していることにあります。政治的権利をもった市民は、市民生活という私的生活から一歩も外に出ず、公民（国家市民）としての権利をむしろいとわしく思ってしまうことに問題があったというのです。

マルクスは、この作品を書く前にかなり詳しくフランス革命について研究しています。とりわけ彼が使ったのはビュシエ[93]の『フランス革命議会史』とルヴァスール[94]の『回想録』です。さらにこれらの書物の中でもマルクスが絞っているのは一七九二年夏国民公会においてロベスピエール[95]が実権を握り、恐怖政治を行い始めるころのことでした。

なぜマルクスはその時代に問題を絞ったのでしょうか。それはこの時代こそ、利己的個人の政治的無関心が最大になり、それが国難、革命の危機を招いた時代だったからでした。マルクスは、政治的に自由になったはずの個人が、なぜ政治に無関心になったのかという点に関心を示しています。

それは一八四三年の手紙の中でも書かれているように、生きることに奔走する俗物的人間がなぜ政治に無関心になるのかという点について、彼なりの解答を得たかったからです。ドイツ人がなぜ政治的に無関心になったのかといえば、それはドイツ人が経済的利益に奔走し、政治的権利などどうでもよくなっていたからです。君主制が君主政治たる理由はまさにこの点にあります。民衆に政治的関心を放棄させるわけです。それは専制政治によれば恐怖によって行われるのですが、ドイツもそれと似た状態にあったわけです。

さて問題はこうです。ドイツでは当時まで革命は起こっていません。ではドイツで政治革命が起これば、人々の政治関心は高まるのか、それとも結局個人の権利、すなわち人権が確保されることで、むしろ政治への民衆の参加は低くなるのではないか。まさにこのことがマルクスの問題となるのです。

フランス革命がロベスピエールの独裁を招いた過程を分析した結果、マルクスは、利己的関心が政治を空白にし、それが革命の危機を招き、独裁を生んだのではないかと考えます。政治的解放がかえって専制政治を生むのです。まさに往復書簡においても触れられていた問題、政治的解放では政治的解放すらできないという問題がここにはあります。むしろ解放は政治的問題ではなく、利己的個人をつくっている人権から人間を解放することが問題となります。この時点でマルクスは、フランス革命が提出した問題を越えています。ずっとさきにある問題へと飛翔しているといってもいいのです。

マルクスは、フランス革命が作り上げた自由とは、所詮私的所有を得るための自由であると規定します。私的所有とは相互に垣根をつくり、何人も自らの財産に触れさせないことに意味があります。

「したがって、いわゆる人権というものはどれも利己的な個人、市民社会の成員、すなわち、自分自身、私的利益と私的意志に引きこもる、共同体から分離した個人である人間を超えることはないのである。人権においては、人間が類的存在として理解される世界から離れてしまうことで、逆に類的生活それ自体、すなわち社会は、個人の外枠として、個人の本来の自立を制限するものとして現れる。個人がむすびつく唯一のつながりは、自然の必然性、欲求と私的利益、所有と利己的人間の維持である」（前掲書八七頁）

このような問題設定については、マルクスと同時代人であるアレクシス・トックヴィル[96]が、まったくこれとは違った見解を述べていることに注意すべきかもしれません。むしろトックヴィルの問題設定の方が穏当であり、時代にあったものだったかもしれません。

「ただ自由だけが、市民を拝金主義と私事という日々の煩瑣から解放して、彼らの上に、また彼らのかたわらに、祖国があることをつねに認識させ意識させることができるのである。ただ自由だけが、物質的幸福への欲求をいっそう活力ある高貴な欲求に変え、願望に富の取得以上に偉大な目的を与え、人間の悪徳と美徳を識別し判断する知識を創出するのである」（アレクシス・ド・トックヴィル『旧体制と大革命』小山勉訳、ちくま学芸文庫、八九頁）

これはマルクスとまったく違った視点です。トックヴィルは、個人の自由がかえって人間の美徳を生み出し、それが物的利益以上のものを求める人間をつくるのだといっているのです。トックヴィルは一七八九年のフランス革命の意味を高く評価します。しかし、一七九二年には、その意味で彼はまったく関心を抱いていません。それはアーレントも同じです。フランス革命が歴史に残るとしたら一七八九年だけであるというのです。

以前フランスのサルコジが、教育指導要領にフランス革命の歴史研究のためには一七八九年だけを教えればいいのだと書いたことがありましたが、新自由主義政権ならばそう主張する理由はあるのです。自由こそ革命の原理であったというわけですから。ロベスピエールのような時代のことは歴史に値しないというわけです。もちろん、こうした政府の方針に対して多くの歴史家は批判しています。

フランス革命の歴史家フランソワ・フュレ[97]もトックヴィルやアーレントとおなじことを述べます。マルクスは、利己的な個人に分解したことによって人々の政治への関心が減退したことを嘆くのだが、それはむしろ理想論であり、そうした主張は現実的な意味をもたないと述べます。

「マルクスは民主主義を幻想や欺瞞といった概念とは別の概念によって捉えることができず、また、同時代にトックヴィルが理解していたこと、すなわち、民主主義の幻想こそがまさに民主主義の真実にほかならないということを見抜くことができなかった」（フランソワ・フュレ『マルクスとフランス革命』今村仁司、今村真介訳、法政大学出版局、四〇頁）

たとえまだ若いマルクスが、欺瞞の背後にある、人間社会の複雑な関係について理解できなかったとしても、それは批判すべきことではありません。一八三七年の手紙において、すでにマルクスは、未来の希望への予感を感じ、かなり論理を飛ばして突き進んでいるのです。無鉄砲ともいえますが、それはある意味、マルクスの才能ともいえるものです。マルクスが批判するブルーノ・バウアーも、結局トックヴィルと同じところにしかいません。ユダヤ人を政治的に解放することで、人権として宗教の自由を保証すればいいという見解です。全員がそうした段階にいるとき、それを飛び越すことは勇気がいると同時に、非難もされます。

KYという言葉が一時若者たちの間に流行しましたが、空気を読むという作業は人間関係の潤滑油として確かに重要です。だから空気を読んでいいたいことをいわないでおく。もしそれを飛び越すとどうなるか。青年マルクスの抱いた思想は、まさにKYの領域に入っていたわけです。だからルーゲもひるんだのです。しかし、逆にこの無鉄砲な希望が時代を貫いたともいえます。

なるほど二一世紀の現在においてもマルクスが主張するような世界は存在しえていません。もちろん一九世紀にもそんな世界が存在していたわけではありません。しかし、存在しないものを見通すことにマルクスの意図がそもそもあるなら、存在しないからといって、その見解が間違っていたなどということはできません。

マルクスは政治的解放がなぜ政治への無関心を生んだのかをこう追究します。

「まさに自らを解放し、さまざまな人民の枠を壊し、政治的共同体を基礎付けようとするこうした人民が、仲間や共同体から分離した利己的な人間を厳かに宣言する（一七九一年の宣言）のは不思議なことである。さらに、英雄的な献身のみが民族を救い、それが命令的に要求されるそんなとき、市民社会のすべての利益を犠牲にすることが日程にのぼり、エゴイズムが罪として処罰されることが宣言される（一七九三年の人権などの宣言）のは不思議なことである。公民であることが、政治的共同体が、政治的解放者によっていわゆる人権の維持のためのたんなる手段に陥れられ、したがって公民が利己的人間の召使いとなり、人間が構成員として関係する領域が悪化し、最終的に公民としての人間ではなく、ブルジョワとしての人間が本来の、真の人間として捉えられるという事実を見るのは、なおさら不思議なことである」（『新訳 初期マルクス』八七頁）

利己的な人間があれほど声高に評価されるとき、突然非利己的人間の必要性が出てくるというので、これは確かに不思議なことです。人民が自由を満喫するはずのときに、再び不自由が登場するのはなぜでしょうか。だから、一七九三年の憲法では、「出版の無限の自由」が認められる一方で、出版の自由が否定されるという矛盾が起こってくるのです。

「「出版の自由が許されるのは、それが政治的自由と妥協する場合に限るのである」」

（前掲書八八頁）

ここで独裁者マクシミリアン・ロベスピエールの弟オーギュスタン・ロベスピエール[98]の革命議会での言葉をこのように引用します。もちろんこれは例外的処置です。理論的には自由であるのですが、政治的危機の場合はその限りではないというのです。要するにこの自由はザル法というわけなのです。危機という特殊な局面の場合はすべてが崩壊するというのですから。結局現実が理論を崩壊させていきます。まさにマルクスは、ここにフランス革命という政治革命の矛盾、いや独裁がなぜ出現するにいたったかの矛盾を見ているのです。目的と手段が入れ替わったのです。目的は人権であるのですが、人権維持のためには出版を規制する必要があります。しかしいつのまにか、出版規制が目的となり、人権を抑制することによって出版規制など、権力の維持が目的となってくるのです。

しかしなぜ革命はそうなってしまったのでしょうか。

それはこうだとマルクスはいいます。封建制の政治は、それぞれが属する身分によって特徴付けられていました。だから身分という集団が中間的政治単位として存在しました。国家がこうしたさまざまな組織に分かれていたことで、国家権力は抑制されていたのです。しかし、革命によってそうした組織が木っ端微塵に打ち砕かれた結果どうなったのかといえば、個々の人間が国家と直接向かいあうようになり、個人の国家に対する抑制力が落ち、結局国家権力が肥大化してしまったのです。

「こんな組織の結果として、国家統一は、必然的に意識、意志として出現し、国家統一の活動、一般的な国家権力は、人民から遊離した支配者とその召使いの特殊な仕事として同様に出現したのである」（前掲書八九頁）

新自由主義という理論もまさにそうした点では似ています。個人を徹底的に自由にする。その結果、個人は国家権力に個人として対抗せざるをえなくなります。そうすると、個人は逆に弱くなり国家権力のいいなりになるわけです。市民社会が個人の自由を誇らしげに述べ、そして国家の介入を非難すればするほど、実は国家権力にとってますます都合のいい時代がやってくるわけです。市民がそこにお互いを結びつける共同体的枠を持たない限り、市民という名の幻想は権力の前で、あっという間に吹っ飛んでしまいます。新自由主義者の多くが、保守的で、権力主義的である理由がここで理解されます。人権主義者、宗教家、資本家といった人々が夢中になって自由を主張するのは、むしろその後に御しやすい市民をつくることに目標があるわけです。マルクスはそのことに気づいていたわけです。

一九九〇年代あれほどもてはやされたグローバリゼーション、人権、個人の自由という概念も、よく考えるとそれぞれがもっていた身分的、職業的な中間団体を破壊し、たったひとりの個人になるということでした。ひとりですべてが行える人間というのは理論的には素晴らしいのですが、現実には存在しないのです。しかし、現実にそうした人間を存在させることが新自由主義の目的だったとすれば、そのいきつく先は、ある種の専制的体制ということになります。

フランス革命は、個人がむき出しになり、権力が集中するそうした体制を結果的につくりあげてしまったのです。それならばまだ君主制の時代の方がよかったといえます。マルクスが一八四三年の手紙で政治的解放に予感した危険はまさにこうしたものであったのです。

「政治革命は、こうした支配権力を崩壊させ、国家業務を人民の業務にさせ、それが政治的国家を一般的業務、すなわち現実の国家として構成し、必然的に、人民と共同体との分離の表現でもある、あらゆる身分、コルポラティオン、ギルド、特権を破壊したのである」（前掲書八九頁）

人民が直接、国家と対峙することの危険性については、すでにモンテスキューが『法の精神』の中で、そうした危険を避けるために貴族社会をその媒介として置くことを主張していました。貴族社会は、中間団体として緩衝地帯を形成しています。国家に対し、比較的はっきりとものがいえるのです。しかし、民主制において貴族制と同じ役割を担うのは、人民から選ばれた議会だけです。そうなると、議会は、人民が政治に関心をもたなくなると、どうなるでしょうか。そのときまさに議会が、人民から遊離して独占的な権力を行使するようになるのです。

しかし、皮肉にも世俗的な利己的市民は、政治から離れることによって政治的利益は失うものの、経済的利益は得ることができるのです。それはまさにユダヤ教徒が政治から離れていることでかえって利益を得ていたことと同じです。マルクスは、政治の世界をキリスト教的精神の世界とし、世俗の世界をユダヤ教的精神の世界と考えています。つまり、理念の中の世界がキリスト教、現実の社会がユダヤ教ということです、当然ながら現実の利益の方が、理念の中の利益よりおいしい。だから、キリスト教徒はユダヤ人になることを望むわけです。結果政治的解放は、キリスト教徒のユダヤ人化を意味することになるのです。マルクスがここで注目していることは、市民社会の成員の利益主導であったのです。

マルクスの関心は政治的解放がもつ人権の獲得の問題ではなく、その政治的解放によって生まれた人間の個人主義の問題でした。政治的解放は、あくまでも理念や理想といったものに彩られ、個人主義は物的な利益によって彩られています。人間にとって前者は、崇高な思想や使命がないと理解できないものですが、後者は感性的に理解できるものです。だから後者が強いのは当然です。

マルクスはここでルソーの『社会契約論[99]』の言葉を引用しますが、その引用は社会契約を結ぶには、人間が集団としてではなく、個人として分離しているという前提を置くしかないという部分です。こうした社会契約はけっして喜ばしいことではなく、逆にいえば、それは一人一人が個人として独立するのではなく、むしろ全体を構成する単なる部分になることであり、個々人の契約によって国家が成立するというよりは、国家の手足となって個々人が国家につくす人間となるという逆説を生み出すのです。個々人が自由になったことが、かえって個々人を全体に帰属させてしまう。だからこそ、フランス革命の自由の宣言の後に、ロベスピエールが必然的に出てくる必要があったのです。政治的空白に独裁が生まれたのです。

政治的解放がいかなる結果を生んだのか、ユダヤ人を政治的解放に導こうとするバウアーはまさにこの問題に答えていません。政治的解放によってすべてがばら色になるというのは幻想でしかありません。マルクスは、まさにこうした批判を行うことによって政治革命ではなく、社会革命の必然性を理解するのです。

しかし、この段階ではおぼろげにしかその解決策はわかっていません。なぜなら社会革命を理解するには、経済学の知識が必要なのですが、マルクスはまったく経済学を研究していなかったからです。この論文が一八四四年二月末発刊された後、四月からマルクスの経済学研究が始まります。

ではどういう解決をしていたのでしょうか、それはつぎの文章を読むとわかります。


「すべての解放は、人間的世界、関係の、人間それ自体への復帰である。

政治的解放は人間を一方で市民社会の成員に、独立した利己的個人に還元することであり、他方で国家市民、法的人間に還元することである。

現実の個人が抽象的国家市民を自らの中にとりもどし、その経験的生活の中、その個人的労働の中、その個人的関係の中にある個人として、類的存在となったときはじめて、人間がその「固有の力」を社会の力として知り、かつ組織し、したがって社会的力がもはや政治的力の形態をして自らを分離しなくなったときはじめて、人間の解放は完成されたことになるのである」(前掲書九一頁)

これは解決とはとてもいえないしろものです。なんといってもいっていることがよくわからないということです。なぜなら、市民社会がつくりあげた世界の欠陥、すなわち個々分離したものの集合としての市民社会、そしてその結合体としての国家を乗り越えるには、類的存在が必要だといっているのですが、その類的存在の内容がまったく説明されていません。人間それ自体が分離せずに結びつき、なおかつ人間の独立性が保たれている社会という意味であることはわかるのですが、古い束縛から離れることで政治革命をなしとげた人々にそれをいっても理想論になることはまちがいありません。その具体性はいったいどこにあるのか。同時に書かれた「ヘーゲル法哲学批判——序説」にやや具体的な議論があります。そこでこの論文を見てみましょう。

「ヘーゲル法哲学批判――序説」

一八四三年に書かれたこの論文の核心も政治的解放の問題点をえぐり、社会的解放をいかになしとげるかという点にあります。その対象はドイツの解放です。それは一八四三年のルーゲとの往復書簡で問題になったドイツをいかに解放するかという問題であり、おのずとそのときの問題、ドイツが政治的解放から社会的解放に至るという問題が展開されています。

マルクスは、ドイツの状態についてこう語ります。

「たとえそれが唯一ふさわしいものだとして、すなわち否定的なものとして、ドイツの現状から始めたいと望むなら、結果はいつも時代錯誤になろう。われわれの政治的現実の否定でさえ、すでに近代的人民の歴史の中では、ガラクタ部屋にまぶされた事実として存在している。私がおしろいのついた髪を否定したとしても、おしろいのついていない髪が残っていることに変わりはない。一八四三年のドイツの現状を否定しても、フランスの年代でいえばまだやっと一七八九年にいるだけであり、なおさら現代史の中心にいないことは確かなことだ」（前掲書一〇四頁）

ドイツの現状が悲惨なものであるのは、ドイツが今のところ完全に時代に遅れているからです。いまだ専制支配の時代にあり、それは一七八九年以前の時代というわけです。一七八九年のフランス革命は政治的解放の時代をつくったのですが、今のドイツを否定すれば、その政治的解放の時代にはなるでしょうが、しかしこれさえも今では現代史の中心にはなっていないと、マルクスは主張します。

今のドイツは、一七八九年以前の歴史、すなわち復古主義の歴史の中にいる。ドイツがなぜこうなったかといえば、フランス革命が行われたからであるというわけです。つまりフランス革命への反動として今のドイツが生まれたのであり、ほかの人民が復古主義に抵抗しているがゆえに、ドイツ人はその逆をとって復古主義になったのだというのです。その皮肉をこう語ります。

「自由の社会の葬儀の日に、自由の社会にたった一度だけ入ったのである」（前掲書一〇五頁）

このような恥辱のドイツ史に関していかなる解放がありうるのかと問います。ここでマルクスは、ドイツ人に対する解放闘争という問題を、近代史における解放という問題にずらしていきます。ドイツの問題が、なぜ近代史の問題なのかといえば、ドイツの今の状態は、旧体制、すなわち絶対王政の完成形態であり、まさにそうであるがゆえにその完成形態であるドイツを見れば、近代国家にいたるには何が欠けているかをそこに見ることができるからです。近代の先頭を走っているフランスですら、こうした絶対王政の過去の遺物にいまだに翻弄されているというのです、もしそうであるならば、この完成形態であるドイツの絶対王政を詳しく分析すれば、絶対王政化する社会の謎がわかる。だから、反面教師としてドイツはいまだ分析する意味があることになります。

「自ら悲劇を体験した旧体制が、ドイツ人的亡霊として喜劇が演じられるのを見るとすれば、近代人には示唆的である」（前掲書一〇七頁）

ドイツの特徴は、人民が政治意識をもたない、いやもたされない世界であること、従順であること、国王が恣意的で独裁的であることです。だから、ドイツは近代政治のある負の側面を代表しています。すなわち絶対王政を打倒する革命を経た近代社会においても、なぜ政治的無関心が存在するのか、そしてそのために独裁が存在しえるのかという理由を問う格好の材料はドイツだというわけです。

ドイツの政治という点で見る限り、ドイツの民衆は完全にそこから排除されています。しかし経済という観点でみるかぎり、民衆は排除されているわけではありません。近代の問題とは政治と富との問題であるとマルクスは述べます。ドイツでは国王に従順であることで、国王の愛国主義が保護主義と結びつき、それが国内市場の独占を形成し、ブルジョワたちの利益の源泉になっています。イギリスでは自由貿易が要求されるのですが、ドイツでむしろ保護主義が評価され、それによって利益が確保されるのは、一般の人々のためではなく、ブルジョワたちの利益のためだというのです。

こうした社会をいわば下支えするのがヘーゲル哲学です。哲学だけが近代世界の理念にまで到達したことは良しなのですが、それは近代社会を受けいれるための道具となるのではなく、近代以前のドイツの現実を擁護する手段となっているのです。つまり、ドイツの現状は、近代を越えたものだと逆に評価されることになります。近代が引き起こした問題、すなわち政治的無関心を乗り越えたのが現状のドイツだということになります。国王はそのため政治的意識を持たない臣民を安らかに保護する人物となり、近代人が失った政治意識を尊敬という形で取り戻すのが、国王だということになります。

ロベスピエールの問題の焦点は、どこにあるのでしょうか。ロベスピエールの出現は、政治的解放によって生まれた市民社会では個人の政治的意識が希薄になることで、国難を乗り切るには、強力な専制者を呼び出す以外に方法がないということから起こりました。それは絶対王政のような独裁者、いわば近代の新しいタイプの国王制という形でもあります。フランス革命は、近代と非近代との奇妙な接合をつくりあげてしまったのです。そうした接合の方法それ自身こそヘーゲル哲学であり、その実践こそドイツです。だからここでヘーゲル哲学が批判されねばならないのです。

「ユダヤ人問題に寄せて」で批判されていた問題は、まさに近代が直面した問題、政治的解放によってばらばらにされた市民が、いかに政治意識を取り戻せるかということにあったのですが、その問題は、国家が結局ロベスピエール、いいかえればプロイセン国王の政治の礼賛につながりかねないという、近代と非近代の接合というヘーゲルの論理自体への批判に結びつきます。そのヘーゲル批判にいたる契機となっているのが、一七九二年の国民公会です。ロベスピエールの出現が近代的なものであれば、近代は自らの中に絶対王政を生み出す可能性をもっていることになります。ヘーゲル的方法では、まさに国家の役割がそうしたものとして展開され、いつのまにかそれがプロイセン国王と結びつくことになっています。それでは、どうやってこの方法を批判したらいいのでしょうか。

「もちろん、批判の武器は武器の批判に取って代わることはできない。物的力は物的力によって崩さねばならない。理論もまた大衆をつかむやいなや物的力となる。理論は、人間に即して証明されるやいなや、大衆をつかむことができるのであり、理論が急進的となるやいなや、理論は人間に即して証明されるのである。急進的であることは、ものごとを根本的につかむことである。しかし、人間にとって重要な根は人間自身である」
（前掲書一一一－一一二頁）

ヘーゲル的批判の方法を打ち崩すには、理論ではなく人間がいかなるものであるかを知ることであるとマルクスは述べます。人間を分析することによって、理論は大衆をつかみ、さらには急進的な変革の理論となるわけです。マルクスは人間を理解することによって、ヘーゲル哲学という批判の武器を批判しようとしているのです。

ドイツが直面している問題は、フランスやイギリスといった先輩格の国が切り開いた近代の矛盾の問題でもあり、その限りにおいてドイツは、フランスの歴史と同じ地平にいます。だからドイツは一気に飛躍し、近代社会そのものの地平を乗り越えることができるというのです。

近代社会の問題をこう述べます。

「市民社会の一部が自らを解放し、一般的支配にいたるところ、つまりある特殊な状況に規定された階級が社会の一般的解放をたくらむところに基づく。この階級は全社会を解放するのだが、それは全社会がこうした階級の状態、したがってたとえば貨幣と教養をもつか、好きなだけものをもてるという前提の上でのみそうなのである」(前掲書一一五頁)

ここでもマルクスは、近代社会、すなわちブルジョワ社会は、物的利益の解放の上でのみ政治的な解放を行いえるという点を強調しています。まさにマルクスにとっては、この物的利益の解放と政治的解放が同じものであることが問題なのです。

それではこれをどう変えていくか、いかなる社会的革命がありうるのか。物的利益が個々ばらばらの人間への解体と結びついたことによって一層利益が得られたため、そうした個人にはそれを乗り越える革命を行う力などはないというのです。すなわちブルジョワ階級は、政治に無関心になることで自らの利益をあげ、さらにその利益を保障するための政治を国家に要求するにすぎない階級となります。私的所有、自由、保障といったものは、まさに彼らが物的利益を充足させるための道具であり、それを国家が補償し続けるかぎり、近代国家に対する彼らの不満はありえません。だからこれらの階級が新しい社会をつくることはできないというのです。

ここではじめてマルクスの中にプロレタリアートという概念が登場します。

「だから、ドイツの解放の積極的可能性はどこにあるのだろうか？　答え。急進的な鎖をもったある階級の形成の中に、けっして市民社会の階級ではない一市民社会階級の形成の中に、あらゆる身分の解体でもある身分の形成の中に、その普遍的情熱を通じて普遍的性格をもち、けっして特殊の権利を要求しないある領域の中（なぜなら、犯すのは特殊な不法ではなく、不法一般であるからだ）に、もはや歴史的ではなく、かろうじて人間的肩書きで挑発しうる領域の中に、ドイツ国家制度の結論に対してあらゆる側面から対立するのではなく、ドイツ国家制度の前提に対してあらゆる側面から対立する領域の中に、最終的には、従来の社会領域すべてから、したがって社会のすべての領域を解放することなく自らを解放できない領域の中であり、一言でいえば、人間の完全な喪失であり、ゆえに人間の完全な復活によってのみ自らを獲得しえる領域の中にあるのだ。こうした特殊な身分としての社会の解体こそ、プロレタリア階級である」

（前掲書一一七頁）

ここで規定されているプロレタリア階級は、経済的利益という点での利益を求めない階級であると同時に、個々人に分離することのない集団であることが強調されています。彼らはつねに集団としての政治的意識をもち、特殊な願望ではなく、一般的な願望をもつ階級です。マルクスは、市民社会的個人の解体とそれによる政治への無関心、そして物的利害への一辺倒を打破する階級を、プロレタリア階級という近代市民社会がつくりだした被抑圧階級に求めます。それではどこにプロレタリア階級はいるのでしょうか。

それはドイツの産業発展が生み出したものであり、社会の急激な解体から生み出されたものです。社会の急激な解体というのは、農村共同体や都市共同体の急激な解体ということですが、それは彼らこそ市民社会の本質をえぐるものだからです。私的所有という市民社会の人権を排除された階級であるプロレタリア階級は、私的所有という人権の問題点をえぐる階級として存在しているのです。

もちろんマルクスはこの時点でプロレタリア階級の具体的な経済的内容について何も知っているわけではありません。類的共同体という言葉と同様、それは曖昧な概念だといえます。だから、最後の主張も説得的であるというわけではありません。

「哲学がプロレタリア階級の中にその物質的基礎を発見するように、プロレタリア階級は哲学の中にその精神的武器を発見し、思考の稲妻がこの素朴な人民の大地に根本から衝撃を与えるやいなや、ドイツ人の人間への解放は実現されるだろう」（前掲書一一八頁）

ヘーゲル哲学を批判した新しい哲学は、人間をプロレタリア階級としてとらえることによって民衆の支持を得る。そうすることで逆にプロレタリア階級は、新しい哲学の中にその批判の武器を得る。こうしてドイツの解放が始まるというのです。言葉がやや踊っていて、内容の実態がともなっていないことははっきりしています。しかし、それはマルクスの責任ではありません。むしろマルクスが当時の人々を通りこし、かなり前にまで突き進んでいるせいであるからです。これは、若さのためというわけでもなく、未来の希望に向かって突き進んでいる結果であるわけです。希望が未来を見る道を切り開いているといってもいいでしょう。

そして最後の言葉が語られます。

「根本的ドイツは、抜本的に革命を行うことがなければ革命することはできない。ドイツ人の解放は、人間の解放である。この解放の頭にあるのが哲学であり、その心臓はプロレタリア階級である。哲学はプロレタリア階級の廃棄なく実現不可能であり、プロレ

タリア階級は哲学の実現なく自らを廃棄することはできない」（前掲書一一八―一一九頁）

ドイツは資本主義、そしてその後の世界という二段とびの革命を一度に行うことになります。後にこうした発想は、二段階革命論に変わっていきますが（つまりブルジョワ革命を行ってプロレタリア革命をつぎに行うという理論です）、すくなくともこの段階では、中世的な社会から一挙に近代を超える社会に進むのだというラジカルな発想が出現しています。こうした発想は、現実の社会実態を分析することなく出てきたものであり、その意味でいまだ唐突なものです。

マルクスは、ここまで来てやがて現実のプロレタリアの状態、そして経済的問題を知りたくなります。一八四三年三月、マルクスはパリで労働者の集会に参加したり、プルードンやバクーニン[100]を知るようになるのです。そして経済学、とりわけスミス、リカード[101]といった古典派経済学の大家の書物と格闘するようになるのです。希望を現実にするために、その具体的な内容を探し求める必要が出てきたのです。しかし、本書ではそこまで語る必要はないでしょう。なぜなら、マルクスがいかに希望を抱いたかということが本書の課題なのですから。

革命への希望

本稿は、一八三七年から一八四三年のマルクスの思考過程、とりわけ革命に関する思考過程をとりあげたのですが、マルクスのその後の革命に関する問題を知る上においても、この過程は大変重要なものです。それはマルクスがヒューマニストから共産主義者になる過程であり、ヘーゲル主義者から反ヘーゲル主義者になる過程であり、マルクスのその後を決める決定的ターニング・ポイントといってもよいからです。

この過程を再度確認して見ましょう。一八三七年マルクスは、それまでの関心をすべて捨てざるをえない知的ショック、彼自身の中の内的な革命を体験しました。このことによって彼の勉学はすべて一からやり直す必要にせまられ、大学を卒業するのが遅くなります。しかしこのショックによって、彼は批判的体系という発想をえます。与えられたものをまとめるのではなく、それを批判的に体系化していくという作業です。それによって、ドイツ社会に潜む、問題点に理解が及びます。ドイツ社会を批判することで新しい社会への希望をそこに見るのですが、研ぎ澄ますには卒業後さらなる研鑽が必要でありました。

それが『ライン新聞』時代の時事問題への関心であったのです。時事問題、出版法、森林盗伐、離婚法などの問題を扱うことで、マルクスは近代社会の矛盾、そしてドイツ社会の矛盾を理解するようになります。こうして一八四三年『ライン新聞』を辞めた後、オランダでの体験から、ドイツ革命の可能性を予感します。それは、たんなる政治的革命ではなく、政治をこえた社会革命にまでいたらねばならないという確信です。その後読んだノートはフランス革命史を中心に、歴史と宗教に関する書物でした。ルーゲを説得したマルクスは、新しい雑誌『独仏年誌』をそうした革命的雑誌にしようと考えます。

『独仏年誌』に掲載された二つの論文で、マルクスは明確な形で、政治革命は社会革命にいたらねばならないと考えます。フランス革命の分析によって、近代社会の持つ問題点、すなわち私的所有の問題点をえぐりだし、そこから私的所有を超える社会を構想しはじめます。それが共産主義へと至る道ですが、その過程でプロレタリア階級という新しい階級を見つけ出し、それを革命の主体として構想します。

こうしたマルクスの思想展開は、その後も基本的に変わったわけではありません。経済学などの書物を読むことで、内容はより豊かなものになっていますが、基本的革命構想は変わっているわけではありません。その意味で、この時代のマルクスの思考過程は、経済学を学んだ後に生まれたマルクスの新しい発想によって、より豊かなものになるが、否定されたわけではないのです。

いいかえればマルクスを作り上げたのは、若いときの革命への希望であったといえるのです。

むすび

マルクスの唯物史観

希望なき時代に、希望をもつことは確かに困難なことです。誰しも、しっかりとした裏付けのある、実体のある希望を持ちたいと思うのは当然です。雲をつかむような話はしたくない。貧すれば鈍すで、貧しくなってくると思考能力も減退するので、とりあえず物質的な支えがなければならないと思うわけです。しかし、実際鈍すれば貧すということもいえるのです。精神的な萎縮が、貧しさをつくりだす。人間の意識と物質的世界との関係は、複雑な相互関係をもっていることは間違いありません。

実際、かつて一世を風靡したマルクス主義思想であれば、希望や意識などではなく、むしろ物質的な現実にのみ関心をもったことでしょう。最終章に掲げたマルクスの希望というのは、いささかロマンチックすぎる嫌いがある、いやむしろ唯物論者マルクスからするとおかしいのではないかと思われる方が多いかと思えます。

もっとも機械仕掛けのような物質主義として社会の変化をとらえていたのは、マルクスではありません。むしろマルクスはこうした機械的唯物論[102]というのを毛嫌いしていました。だから、物質が人間の外にあり、それが人間を規制するなどという一八世紀的な唯物論をむしろ批判していたのです。こうした唯物論であれば、なるほど人間の希望の意味などたかが知れています。

マルクスに唯物論の道を開いたのはフォイエルバッハという人物ですが、彼は人間の感性的世界というものを高く評価し、人間の感性から自然をとらえようとしました。しかし、感性からこの世界をとらえると、たとえば暑いとか、寒いとかといった形で自然はとらえられるのですが、自然に対して働きかけることができなくなってしまいます。長い人間の歴史はまごうかたない、自然を作り変える歴史であったわけです。

人間は動物とちがって、自然に対して受動的なままではない。だから、道具を作りあげたわけです。人間の身体の延長線上にある道具をつかって、自然を作り変えていきます。労働とはまさにそうした過程のことで、これは動物のように本能ではありません。本能はただ生きるために食べることですが、生きるために食べることだけでなく、よりいいものを、よりおいしく食べ、間違いなく毎日食べられるようにする過程が人間の労働過程です。

だから労働をつうじて見る自然は、受動的な感性の世界ではなく、積極的に働きかける世界です。自然を理解することは、労働をつうじて意識のレベルまで自然を理解することです。動物は本能に基づいて行動するのですが、人間はこれから作ろうとすることを頭の中で意識として思い浮かべて作りあげます。だから自然に対して意識、すなわち主体的な希望というものをもって臨んでいるのです。

生産力というのは、まさにこうした労働のことをいいますが、道具といったものだけでなく、協業、分業といった人間関係の組織によって生産力は飛躍的に高まります。こうすることで、自然は自然のままのものではなく、人間のものとしてとらえられます。このことは、当然ながら逆に見ると人間を自然から遠ざけていく過程です。分業による共同体生活は人間が自然から抜け出ることで始まったわけです。だからあるがままの自然に左右されない、こうした農耕生活や定住生活が発展すると、人間と自然との関係はどんどん遠くなり、精神や意識が自然を支配しているように見える世界が出現します。まさにこのときに、人間はとう逆立ちして、意識や精神が自然を支配していると考えるというわけです。次第に動物がもっている感性による自然との有機的な関係が、精神による非有機的な関係になるというわけです。そうなると、自然が怖くなり、自然と敵対し始めます。マルクスはこうしたとき、人間に宗教や迷信が生まれるといいます。

宗教はその意味で人間が人間となった過程ですが、しかしそれは一方で、もともと動物である人間が動物ではない神の賜物として出現していく過程です。神の申し子として人間は自然を支配しはじめます。

とはいっても、まだこうした段階での人間の労働過程は素朴なもので、自然との対立もそんなにありません。しかし、道具がもっと発展していくと情況は一変します。工場制手工業はまだ人間の手を使っていますので、道具の延長線上での生産ですが、しかし、自然に対する支配力は一挙に高まっています。それが機械制大工業になると、完全に自然と対立していきます。

機械とは何かということを考えてみてください。機械というのはわれわれの道具ではもはやありません。なぜなら、道具は人間のエネルギー、身体に応じて動きますが、機械を動かすエネルギーはもはやわれわれの身体といっさい関係していません。機械の方がわれわれを動かすのです。八時に機械が動き始めると、それにしたがって労働は始まります。もはや労働を命令するのは機械であり、人間ではありません。機械の出現は人間労働を楽にしたという考えがありますが、それは机の上の議論であり、機械はわれわれの労働を強化し、ぼろぼろにしていきます。機械が主人になり、われわれはその奴隷になったのです。こうした機械制大工業の時代が資本主義的生産の時代です。

マルクスは、こうした人間の労働過程が自然にここまで成長したなどと考えていません。

むしろ、逆です。人間が自然を意識によって変えたのだというのです。だから機械的に自然や物質の変化がわれわれの意識をつくっていったというのではなく、むしろわれわれの自然に対する積極的な意識の反応が、自然を変化させ、その自然がわれわれの意識をさらに変えていったというわけです。それが唯物史観という考えです。ですから、生産力の発展と生産関係が、そのうえにたつ上部構造を決定していったというのは、複雑な過程なのです。

フォイエルバッハ一一番目のテーゼ

一八四五年、マルクスは手帳にフォイエルバッハを批判するための、一一の項目を走り書きしています。後にエンゲルスが『フォイエルバッハ論[103]』の中でこれをフォイエルバッハのテーゼとして公表したことで有名になり、今ではフォイエルバッハのテーゼとして一般に知られています。それは、そのころマルクスとエンゲルスなどが書こうとしていた『ドイツ・イデオロギー[104]』という書物の前だったことから、『ドイツ・イデオロギー』には、かならずこのテーゼが付録としてつけられるようになりました。

さてこの一一のテーゼは、マルクスの考える唯物論が何であるかを簡単にまとめたものですが、なかでももっともよく知られているのが、一一番目のもので、こういう文章です。

「哲学者たちはただ世界をさまざまに解釈してきたにすぎない。肝腎なのは、世界を変革することである」（カール・マルクス『ドイツ・イデオロギー』廣松渉編訳、岩波文庫二四〇頁）

ロンドンのハイゲート墓地のマルクスの墓の碑文に大きく書かれている文字ですが、あちこちのマルクス記念碑の上にもつけられています。字義通り読むと、哲学者たちの仕事はもう終わりで、これからは現実を改革するだけでいいということになります。しかし、フォイエルバッハのほかのテーゼや『ドイツ・イデオロギー』と読み比べてみると、そうした解釈はきわめておかしなものだということに気がつきます。

なぜなら、これまでの唯物論の欠点は、人間の外にある対象を客観的な対象として理解することにあり、けっして人間の側からの活動に関連して理解されてこなかったからであると、マルクスは主張しているからです。マルクスがここで実践という問題を高く評価しています。対象をとらえようとする人間の実践、すなわち対象とのかかわり方が問題だといっているのです。

ここでマルクスは環境と教育をひとつの実例としてあげています。環境は人間によってつくりかえられ、教育者は生徒によって教育されるといういい方をします。積極的に自然に働きかけることで自然は美しくみえる。そうした働きかけがなければ、人間にとってそれは何も意味しないわけです。

教育の場合、何かを教えようとするあまり、相手が知ろうとする意欲がないことに気づきません。知ろうとしていない人間に何を教えても拒否されます。登校拒否という現在世界中で蔓延している問題の根本は、そこにあるかとも思われます。確かに先生は熱心である。しかし、熱心な先生は知識を教えることに熱心すぎて、人間としての姿が見えません。知識などというものは、たんにものにすぎません。教育を受けることが、そうした無機的知識を体の一部にすることであるとすれば、先生が知識を生きたものにしていないと教えることができません。生徒は先生が本気かどうか、先生自体に知識が身についているかどうかに関心があります。教える側が教える内容についてたどたどしく教えれば、伝わるわけがありません。

昔、よく大学教師がノートをただ読み上げるだけだという話が伝説的にありましたが、問題は大学ノートを読み上げるかどうかという外見的な問題にあるのではなく、その先生がその知識を本当に自分のものにしているかどうかということにありました。大学の研究者にとって講義というのは、知識の伝授場所ではないのです。むしろ最新の学問が、学生にとって通用するかどうかを知る実験場です。生半可なものでは学生に見透かされてしまいます。

ヴィーコは真実らしきものというい方をしていますが、真実らしきものを学生はわかる。だからどんなに詭弁を弄してもそれは見透かされてしまいます。真実らしきものがなければ説得はできない。教授はそのことを学生から学ぶのです。

さあこう考えると先ほどの一一番のテーゼはどう理解したらいいでしょうか。それはこうです。「哲学者は世界を理解してきたというが、理解したということは哲学を実践したということである。しかし哲学を実践してはいないのだから、世界を解釈してきたということはいえない。世界を解釈したということは、世界を変革したことであるのだから、解釈をしなおすしかない」。まさにこれは一種のトートロジーのように跳ね返ってくる言葉です。生身の人間の世界にどっぷりと触れていない哲学者は解釈してきたなどとはいえない。そういう言葉がいえるには、実践的であること、すなわち世界を変えようという意志が必要だということです。

およそ学のための学などはありえない。生身の人間が生きていることは、過去の労働の産物である、先人の業績を知ることではない、むしろそれを現実の中で生かすことしかない。生きている人間でなければ世界を知ることができない。その使命感を哲学者がどれだけ身につけているかということが、ここでは問われています。

社会を変革するという希望のないところに、変化はない。もちろんこれは思いつきの変革を願うことではありません。むしろ変革しようと思うから、現実が見えてくるし、現実が分析できるわけです。そして変革する意味が見えてきます。関心のないものには変革などという意志もわかない。人間の歴史とはまさにこのトートロジーのように思える反復運動にあります。

マルクスが実践（すなわち人間にとっては労働）に徹頭徹尾こだわるのは、人間の労働が唯一実践という過程を含むものだと考えたからです。動物にとってそれは本能ですが、自然界との間では労働はどうしても避けられません。食べ物をえるということを抜きにはなにもできないのです。マルクスは経済学の中で労働価値説がもっともらしいということでそれを選んだのではありません。先に労働という実践概念があったのです。

希望をもつことに意味

希望をもつことが観念論のように見えた読者にはこのことが理解できたと思います。唯物論を理解するには、そこに参加している私たち人間の意識を問題にせざるをえないわけです。理解する側の参加によって変わってくる。われわれ人間と物質とのかかわりはまさにそこにあります。

いつも机の上においてあるのに意識しないと何も見えない。ものはそこにあるのではなく、こちらの意志と照応しながら存在する。人間の物的生活である現実もそうです。現実にどう参加するかによってその意味が見えてくる。参加を拒否するとたんに何も意味を持たなくなる。生きるということはまさにそこにある。

スピノザは汎神論だといいますが、そこにある汎神論は人間の意志などなく、物質だけがあるという考えではありません。人間の意志が物質を理解する必須条件となっているのです。『エチカ』という書物の名前はいいえて妙だとおもいます。エチカとは人間の倫理ですが、人間の倫理は物質界の自然とのふれあい（他人も含めて）によってなりたっています。だから人間の倫理も物質界の法則にしたがっています。それが喜びと悲しみの原因というわけです。身体に心地よいことが喜びで、不快なことが悲しみであるわけです。それをまず知ることが必要で、それにしたがって人間の倫理を組みたてると、人間の意志がそれをまず受け付けません。だからうまくいかなくなるのです。そこで人間の意志を次第にそうした自然な状態にもっていくことこそ人間の幸福を実現することだというのです。そのためには自然の摂理にしたがって希望をもつことが必要だといいます。その場合にはじめて自然の摂理はわれわれを拘束する束縛ではなく、自由となるのです。自然、言い換えれば神の命ずるままに動くということは、主体性をそこなうことではなく、むしろ主体性を生かすことだというのです。スピノザは唯物論者だといいますが、まさにこうした点で面目躍如たるところがあります。

私たちの日常は確かにいいことばかりではない。世界を変革しようなどと思ってみても、確かに夢また夢。だからこうなっているのも神の思し召しであり、どうにもならないものだと考えがちです。シモーヌ・ヴェイユがいうように、人間は不完全で重力の重みに抵抗しきれません。なるほどそれはそうですが、あえてそこから突破しようという意志が必要です。重みに耐えられなくなるかどうか、まずは重みがあることを知る必要がある。自分の不幸を真空の中に放り投げ、他人を責めないということは簡単ではないし、むしろ自虐的になりかねません。しかし、そう心がけることも重要です。

アーレントは、アウグスティヌスの愛という概念を使って、隣人愛という概念に到達しました。そこで貫かれている思想は、なにか、あるいは誰かを自分のものにしようとしないで、むしろそれを放り出す。それによって永遠の中に生きるものを見つける。神学的な意味では神への信仰なのですが、それは別の言葉でいえば永遠の相で世界を見るということでもあります。信仰と永遠の相でものを見ることは、魂は不死だということを理解することかもしれません。妙に唯物論と観念論が交錯するところですが、われわれの中に神の意図が与えられているということに勇気づけられもします。

マルクス研究者の私が、こうした書物を書くということに対し怪訝に思う方がいらっしゃるかもしれませんが、神の問題と唯物論の問題は意外なところで相通じているのだということを理解していただきたいと思います。私の好きなマルクス研究者ルイ・アルチュセール[105]が「不確かな唯物論」といういい方をしているのですが、この言葉はとても好きな言葉です。確かでありながら、不確かなもの、それは物質の中に意志というものがはいるからです。この言葉を敷衍《ふえん》させれば、「不確かな未来」といういい方もできるでしょう。予定調和的に未来を語ることがマルクス主義者だといわれていた時代がありましたが、未来は不確かなわけです。だから未来を待ち望む希望が必要なのです。望まないものは実現されないということ、これが本書の課題であるともいえます。

註

1 ルネ・デカルト（一五九六―一六五〇）。『方法序説』（一六三七）で人間の主体性から世界を解釈する理論を打ち立てた。
2 フランス革命。一七八九年七月一四日バスティーユの襲撃事件から起こった革命。ナポレオン体制が崩壊するまで革命は継続した。
3 エピクロス（前三四一？―二七〇）。アテネに「庭園」と呼ばれる共同生活を行う学問的場所をつくった。
4 エルンスト・ブロッホ（一八八五―一九七七）。『希望の原理』のほか、『キリスト教の中の無神論』（一九六八）などがある。
5 カール・マルクス（一八一八―一八八三）。社会主義・共産主義運動に大きな影響を与えた思想家。『資本論』（一八六七）などの作品がある。
6 トマス・ミュンツァー（一四九〇頃―一五二五）。ドイツ農民戦争の指導者。一五二五年処刑された。
7 第二インターナショナル。第一インターナショナルの後、エンゲルスを中心に一八八九年に創設された国際労働者委員会。
8 ドイツ社会民主党は一八九〇年、ドイツ社会主義労働者党の名称を変更して誕生した。マルクス主義の政党であったが、現在のドイツ社会民主党とは思想的に断絶している。
9 ウラジミール・イリッチ・レーニン（一八七〇―一九二四）。ロシア革命の指導者、ソヴィエト政権の指導者。『帝国主義論』（一九一七）などがある。
10 ディミトリー・イワノヴィッチ・ピーサレフ（一八四〇―一八六八）。ロシアのニヒリズム思想家。
11 ジョン・レノン（一九四〇―一九八〇）。イギリスのロック・グループ、ビートルズのヴォーカリスト。一九八〇年一二月ニューヨークで暗殺された。
12 マルチン・ルーサー・キング・ジュニア（一九二九―一九六八）。アメリカの黒人公民権運動の指導者。一九六八年暗殺された。
13 フランソワ・マリー・アルエ、通称ヴォルテール（一六九四―一七七八）。フランス啓蒙主義を代表する人物。『カンディード』（一七五八）などがある。
14 ゼロサムゲーム。一つのパイを一方がとると、一方はすべてを得るが、他方はすべてを失うということ。全体が増えないで、とるかとられるかのゲームのことをこういう。
15 ヨハン・カール・ローゼンクランツ（一八〇五―一八七九）。ハレ大学教授の哲学者。
16 ピエール・ド・フェルマー（一六〇七？―一六六五）。フェルマーの定理はアンドリュー・ワイルズによって証明された。
17 アレクサンドル・ケレンスキー（一八八一―一九七〇）。一九一七年ロシア二月革命の後、臨時政府の首相を務めた。
18 ボリシェヴィキ。一九一七年一〇月革命を起こしたレーニン率いる党。
19 イデオロギー。フランスの思想家デステュット・ド・トラシの言葉。人々の意識を決定する一般的な考えをこう呼ぶ。
20 アーノルト・ルーゲ（一八〇二―一八八〇）。ドイツの民主主義的ジャーナリスト。
21 『独仏年誌』（一八四四）。マルクスとルーゲがパリで刊行した雑誌。一、二号合併号が一度出ただけで廃刊する。
22 マルクスがイエナ大学に提出した博士論文。エピクロスがデモクリトスに比べいかに優れていたかということを原子の偏倚を使って証明している。
23 デモクリトス（前四六〇頃―前三七〇頃）。原子によってすべてを決定づけた人物。
24 前野良沢（一七二三―一八〇三）。中津藩の藩医で、『解体新書』の共訳者。
25 杉田玄白（一七三三―一八一七）。若狭小浜藩の藩医で、『解体新書』の共訳者。

26 バルーフ・デ・スピノザ（一六三二―一六七七）。アムステルダムのユダヤ人商人の子供として生まれ、のちにユダヤ教から破門された。

27 モーゼス・マイモニデス（一一三五―一二〇四）。イベリア半島の当時イスラム圏であったコルドヴァに生まれた医師。アリストテレス哲学とユダヤ教思想を結びつけた。

28 一神教。ユダヤ教、キリスト教、イスラム教といった、神を唯一者ととらえる思想。これに対し多神教がある。

29 アウグスティヌス（三五四―四三〇）。キリスト教を哲学的に最初に基礎づけた人物。

30 イブン・ルシュド（一一二六―一一九八）。コルドヴァのイスラム哲学者。アリストテレスの注解に精力を注いだ。

31 アリストテレス（前三八四―前三二二）。ソクラテス、プラトンとならぶギリシア最大の哲学者。あらゆる分野の基礎を作った。

32 ラビ。我が師という意味ラブから派生。かつてはユダヤ教の聖書や口伝律法の注解者を意味したが、中世以降、教師や共同体の指導者を意味するようになった。

33 『神学政治論』（一六七〇）。スピノザは生前二冊の書物を出版したが、そのうちのひとつ。しかし教会の追及を恐れ筆者名は書かれていなかった。

34 『エチカ』（一六七七）。スピノザの代表作。死後公刊された。

35 ジョルダーノ・ブルーノ（一五四八―一六〇〇）。イタリアの哲学者で人間の不死、宇宙の無限を唱えローマ教会によって焚刑に処せられた。

36 サブリミナル効果。潜在意識に訴えることによって、無意識のうちに刺激を与える効果のことをいう。

37 芥川龍之介（一八九二―一九二七）。日本の代表的小説家。古典に題材をとった作品が多い。

38 エドヴァルド・ムンク（一八六三―一九四四）。ノルウェーの画家。『叫び』（一八九三）などが有名。

39 アダム・スミス（一八二三―一八九〇）。経済学の祖。『国富論』（一七七六）によって経済学の基礎を築いた。

40 石川啄木（一八八六―一九一二）。岩手県出身の詩人。
41 四柱推命。中国の陰陽五行説によって人の未来を予測する考え。
42 天中殺。十干と十二支を組み合わせて命運を占う方法。かつて日本テレビの「イレブンｐｍ」で紹介され、天中殺ブームが起こった。
43 予定調和。未来は結局うまくいくという考え。個々人の利己心が結果として全体に貢献する話として、スミスの予定調和論があげられる。
44 自由放任主義。レセ・フェールともいわれる。自由に放任することでかえってすべてがうまくいくということで、自由貿易主義にも用いられる。
45 オランダ国王の家系オラニエ。オレンジ公ともいう。フランス、プロヴァンスの町オランジュの領主であったことからこの名がついている。
46 アントニオ・ネグリ（一九三三―）。イタリアの共産主義思想家。マイケル・ハートとの共著『〈帝国〉』（二〇〇〇）が有名。
47 ユトレヒト同盟。一五七九年オランダ北部七州が締結した同盟。
48 モンテスキュー（一六八九―一七五五）。フランスの政治思想家。代表作は『法の精神』（一七四八）。
49 スピノザの『知性改善論』は、一六七七年に『エチカ』を含んだ遺稿集に収録された。
50 シモーヌ・ヴェイユ（一九〇九―一九四三）。パリのユダヤ人の家庭に生まれ、パリのリセの教師をしながら、社会運動に参加した。
51 マルクス経済学。マルクスの『資本論』を基礎に、資本主義社会の諸矛盾を解き明かす経済学のこと。それに対して一般的な経済学を近代経済学といった。
52 バーナード・マンデヴィル（一六七〇―一七三三）。ロッテルダム生まれ。イギリスで一七一四年『蜂の寓話』を出版。
53 マルクス主義。マルクスの思想を流布するために生まれた主義。マルクスの友人エンゲルスが最初のマルクス主義者であるといえる。

54 ピュタゴラス学派。ピュタゴラスによって創設された集団。数字の神秘などについて語り合った。

55 アナーキスト・無政府主義者。バクーニン（一八一四―一八七六）やプルードン（一八〇九―一八六五）の思想からくる。

56 ジャンバティスタ・ヴィーコ（一六六八―一七四四）。ナポリ出身の思想家。代表作は『新しい学』（一七二五）。

57 グノーシス派。キリスト教の初期に影響を与えた思想集団。

58 ジュール・ミシュレ（一七九八―一八七四）。フランスの歴史家。『民衆』は一八四七年の作品である。

59 サタン。悪霊の首長であり、地獄の統治者サタンは光の天使ルキフェルと同じだといわれることもある。

60 アポケー。判断中止を意味するギリシア語。

61 パリ高等師範とはエコール・ノルマル・シューペリウールのこと。ベルグソンなど多数の思想家を輩出している。

62 『経済学批判要綱』。一八五七―五八年に書かれた『資本論』の最初の草稿。

63 ハンナ・アーレント（一九〇六―一九七五）。ドイツ出身のユダヤ系思想家。『人間の条件』（一九五八）などの著作がある。

64 カール・ヤスパース（一八八三―一九六九）。ハイデガー（一八八九―一九七六）と並ぶドイツの哲学者。

65 ユリア・クリステヴァ（一九四一―）ブルガリア生まれの構造主義者。

66 一九六七年のスウェーデン映画。

67 カリタス。尊敬、愛情を意味するラテン語。

68 クピディダス。熱望、野心を意味するラテン語。

69 フリードリヒ・エンゲルス（一八二〇―一八九五）。マルクスの友人。『資本論』第二巻、第三巻を編集した。

70 コーカサス人。いわゆる白人のこと。コーカサス地域の人々を白人の典型としたことからきている。

71 モンゴロイド。いわゆる黄色人種のこと。
72 フォイエルバッハ（一八〇四―一八七二）。ドイツの哲学者。一八四一年『キリスト教の本質』を出版し、独自の自然哲学をつくった。
73 ギルド。中世から前近代に支配的であった独占的商人組合のこと。
74 ハインリヒ・マルクス（一七七七―一八三八）。マルクスの父親で弁護士。
75 ヘーゲル哲学。ヘーゲル死後の当時ヘーゲル哲学は右派と左派に分かれた。右派は現状肯定的ヘーゲル主義、後者は現状批判的なヘーゲル主義であった。
76 イェニー・フォン・ヴェストファーレン（一八一四―一八八一）。マルクスの妻。
77 ギムナジウム。当時七年制の高校。大学に行くには、さらに卒業試験にパスする必要があった。
78 『資本論』には最初大きなプランがあった。このプランにしたがって、現行の『資本論』がどこまで実現されているかをめぐってプラン問題という議論があった。
79 コルネリウス・タキトゥス（五五頃―一二〇頃）。代表作は『ゲルマニア』。
80 ゴットホルト・レッシング（一七二九―一七八一）。一七六六年の『ラオコーン』が代表作。
81 シュプレー川。ベルリン市内を貫く川。
82 ドクトルクラブ。ベルリン大学の博士を中心に作られたヘーゲル左派のクラブ。
83 ベルリン大学。一八一〇年ヴィルヘルム・フォン・フンボルト（一七六七―一八三五）によって創設された大学。マルクスはこの法学部にいた。
84 イエナ大学。ベルリンの南にある大学。一八四一年四月マルクスはこの大学から博士号を取得する。
85 ヘーゲル左派。マルクスが所属していたヘーゲル思想を使って急進的な改革を行おうとする派。
86 ジャン＝ジャック・ルソーの『社会契約論』（一七六二）を読んでいる。
87 『ドイツ年誌』。一八四一年から一八四三年まで続いたルーゲ編集の雑誌。
88 『ハレ年誌』。一八三八年刊行され一八四一年まで続いたルーゲ編集の雑誌。

89 ポーランドは当時ロシア、プロイセン、オーストリアに三分割されていて、国土は存在していなかった。
90 シャルル・フーリエ（一七七二―一八三七）。フランスの思想家。一八〇八年『四運動の理論』を出版する。
91 ピエール＝ジョゼフ・プルードンは、『所有とは何か』（一八四〇）を出版し、話題をさらった。
92 ブルーノ・バウアー（一八〇九―一八八二）。当時、盛んにキリスト教批判の書物を書いていた。
93 キリスト教社会主義者フィリップ・ビュシェ（一七九六―一八六五）は、一八三四年から『フランス革命議会史』（全四〇巻）を編集した。
94 ルネ・ルヴァスール（一七四七―一八三四）。国民議会の議員だった彼は一八二九―一八三一年にかけて『回想録』を出版した。
95 マクシミリアン・ロベスピエール（一七五八―一七九四）。フランス革命後、恐怖政治を行った人物。
96 アレクシス・ド・トックヴィル（一八〇五―一八五九）。代表作『アメリカの民主政治』を一八三五年、一八四〇年に出版した。
97 フランソワ・フュレ（一九二七―一九九七）。フランスのフランス革命史家。
98 オーギュスタン・ロベスピエール（一七六三―一七九四）。マクシミリアンの弟。断頭台の露と消えた。
99 『社会契約論』。第二章の言葉が引用されている。
100 ミハイル・バクーニンは『独仏年誌』にその手紙が掲載されている。
101 デヴィッド・リカード（一七七二―一八二三）。イギリスの古典派経済学者。
102 機械的唯物論は、人間の意識を抜きに機械的事物の変化を人類史に適用すること。ド・ラ・メトリ『人間機械論』（一九四七）などが典型。
103 エンゲルス『フォイエルバッハ論』（一八八八）は、エンゲルスがマルクスの唯物論を普及させるために書いた小冊子である。
104 『ドイツ・イデオロギー』（一八四五―四六）は出版を目的として書かれたが、出版されずに草稿として残された。
105 ルイ・アルチュセール（一九一八―一九九〇）。主著に『マルクスのために』（一九六五）などがある。

著者について

的場 昭弘（まとば・あきひろ）

一九五二年宮崎市生まれ。社会思想家。一九七六年慶応義塾大学経済学部卒。経済学博士。現在、神奈川大学経済学部定員外教授、神奈川大学経済貿易研究所所長。専門はマルクス。初期マルクスから『資本論』まで、マルクスについて哲学、政治学、経済学何でもこなす。
著書に『21世紀から見る資本論』、『一週間de資本論』（共にNHK出版）、『超訳「資本論」』（全三巻、祥伝社新書）、『マルクスだったらこう考える』『ネオ共産主義論』（共に光文社新書）、共著『国家の危機』（KKベストセラーズ）他多数。近年はマルクスの原典の翻訳も行う。訳書に『新訳共産党宣言』『新訳初期マルクス』（共に作品社）。

待《ま》ち望《のぞ》む力《ちから》
ブロッホ、スピノザ、ヴェイユ、アーレント、マルクスが語《かた》る希望《きぼう》

二〇一三年五月二〇日初版

著者　的場昭弘
発行者　株式会社晶文社
東京都千代田区神田神保町一―一一
電話（〇三）三五一八―四九四〇（代表）・四九四二（編集）
URL http://www.shobunsha.co.jp
印刷　株式会社ダイトー
製本　株式会社宮田製本所
© Akihiro Matoba 2013
ISBN978-4-7949-6901-9　Printed in Japan
Ⓡ本書を無断で複写複製（コピー）することは、著作権法上での例外を除き禁じられています。本書をコピーされる場合には、事前に公益社団法人日本複製権センター（JRRC）の許諾を受けてください。
JRRC〈http://www.jrrc.or.jp　e-mail: info@jrrc.or.jp　電話：03-3401-2382〉
〈検印廃止〉落丁・乱丁本はお取替えいたします。

好評発売中

ハンナ・アーレント伝　エリザベス・ヤング=ブルーエル　荒川・原・本間・宮内訳

革命と戦争、全体主義の嵐が吹き荒れた20世紀。ハンナ・アーレント(1906−75)は過酷な時代のなかで、公共性と人間の自由を問いつづけた。諸著作の根底にある生を描き、卓越した政治哲学者の全体像を初めて明らかにした決定版評伝。

公共性の喪失　リチャード・セネット　北山克彦・高階悟訳

現代は、私的な世界が公的な世界に限りなく浸食し、その境界がはっきりしない社会である。政治、都市生活、メディアなどのあらゆる領域にわたって、近代社会の成立以来の「公」と「私」の変容をたどり、現代社会のメカニズムを鋭くえぐる刺激的研究。

来るべき哲学のプログラム(新装版)　ヴァルター・ベンヤミン　道籏泰三訳

ベンヤミンは32歳の時、教授資格申請論文を大学で拒否され、その後アカデミズムへの道が閉ざされる。この時期の論考には、後の漂浪と亡命の時期のものに比べ、観念論的・形而上学的な傾向がひときわ目立つ。処女作『若さの形而上学』ほか、ベンヤミンが20代に書き残したエッセイ・断章を集成する。

みんなで考えよう(全3巻)　鶴見俊輔と中学生たち

哲学者と中学生が寺子屋を作りました。身近な問題について、中学生は深い問いを、鶴見俊輔さんは根源的な問いを——。シリーズ①『大切にしたいものは何？』(絵・南伸坊)。②『きまりって何？』(絵・佐々木マキ)。③「大人になるって何？』(絵・長新太)。

誰も教えてくれない聖書の読み方　ケン・スミス　山形浩生訳

聖書を、いろんな脚色抜きに書かれているとおりに読むとどうなる?　聖書に書かれている、ペテンと略奪と殺戮に満ちたエピソード群をひとつひとつ解釈しながら、それでも聖書が人をひきつける魅力を持ったテキストだということを再確認する、基礎教養として聖書を読み直すための副読本。

新教養主義宣言　山形浩生

出口のみえない不況、学校は崩壊、ドン詰まりで打つ手なしの日本。どうせそうなら、もっとアクロバチックでクレイジーな提案をしていこう。国家の民営化、選挙権の売買、消費税の連続的引き上げ等々、21 世紀の日本社会へ向けた、一見暴論だけど実はまじめで巧妙な提案の数々。

東京高級住宅地探訪　三浦展

高級住宅地は日本の近代化を象徴するものの一つである。それは当時理想とされた欧米的な生活様式を実現する場であり、健康で文化的な中流家庭の生活をつくる場でもあった。消費社会研究家の三浦展が、東京西郊の高級住宅地を歩きながら、近代・中流・家族の歴史に思いをはせる。